십대들을 위한
# 생각?연습

우리가 어른이 되기 전에 생각해볼 것들

**십대들을 위한**
**생각?연습**

| | |
|---|---|
| **발행일** | 2018년 11월 05일 초판 1쇄 발행 |
| | 2023년 01월 27일 초판 5쇄 발행 |
| **지은이** | 정종삼 ·박상욱 |
| **발행인** | 방득일 |
| **편 집** | 박현주, 허현정 |
| **디자인** | 강수경 |
| **마케팅** | 김지훈 |

| | |
|---|---|
| **발행처** | 맘에드림 |
| **주 소** | 서울시 도봉구 노해로 379 대성빌딩 902호 |
| **전 화** | 02-2269-0425 |
| **팩 스** | 02-2269-0426 |
| e-mail | momdreampub@naver.com |

ISBN 979-11-89404-05-5 44100
ISBN 979-11-89404-03-1 44080(세트)

우리가 어른이 되기 전에 생각해볼 것들

# 십대들을 위한
# 생각?연습

정종삼·박상욱 지음

맘에드림

# "그게 정말 최선입니까?"

우리 청소년들에게 **생각연습**이 필요한 이유

인간이 만물의 영장임은 굳이 말하지 않아도 잘 알고 있을 것입니다. 그런데 수만 년 전의 인간(유인원)은 지금처럼 그리 대단한 존재가 아니었습니다. 여타의 동물과 크게 다를 바 없었지요. 아니 엄밀히 말하면 훨씬 더 나약한 존재였다고 보는 게 맞습니다. 왜냐하면 인간에게는 다른 동물들이 위협적으로 느낄 만한 날카로운 이빨도, 어떤 공격이든 막아낼 만한 강인한 육체도 없었으니까요.

아마도 인간은 혼자서는 너무나 약한 존재였기 때문에 집단생활을 시작할 수밖에 없었을 것입니다. 그런데 그런 나약한 인간이 생태계의 정점을 차지한 것입니다. 어떻게 인간은 자신의 약점을 극복해나갈 수 있었을까요?

### 인간 고유의 특성인 줄 알았더니?

이러한 의문에 줄곧 대답하는 과정에서 인간에 대한 다양한 정의가 생겨났습니다. 예컨대 아리스토텔레스(Aristoteles)는 인간을 '정치적 동물'이라고 하였고, 파스칼(Blaise Pascal)은 인간을 '생각하는 갈대'라고 하였습니다. 그 밖에도 도구적 존재나 유희적 존재, 윤리적 존재, 이성적 존재, 놀이하는 존재 등 인간에 대한 다양한 정의가 존재합니다.

　그런데 이러한 정의들은 오늘날 하나씩 무너져가고 있습니다. 생물학자들의 오랜 연구 결과 인간 이외의 다른 동물도 도구를 사용하고, 유희와 놀이를 즐기며, 도덕적 행동을 한다는 것이 밝혀졌습니다. 나름대로의 집단생활과 규칙이 있는 것으로 봐서 어느 정도 정치적인 특성도 가지고 있다고 봐야 할 것입니다. 이제 다른 동물과의 차이를 통해 인간의 특성을 드러내고자 하는 시도는 점점 더 무의미해지고 있습니다.

### 반성하는 인간, 성장과 발전의 아이콘이 되다

동물들도 인간의 특성을 상당 부분 가지고 있다고 하니, 더욱 의문이 들지 않을 수 없습니다. 인간은 대체 어떻게 진화의 과정을 경이로운 속도로 이뤄내며, 오늘날에 이른 것일까요? 그 핵심에는 바로 자기 성찰이 있습니다. 자기 성찰이란 자신을 객관화, 대상화시켜

돌아보는 것입니다. 즉 전지적 작가 시점에서 자신을 바라보며 객관적으로 평가해보는 태도를 말합니다.

자기 성찰을 하다 보면 전에 보이지 않던 것들이 보이기 시작합니다. 대수롭지 않게 넘겼던 상황들이 문제들로 인식되기도 하지요. 이 시점이 참으로 중요합니다. 왜냐하면 비로소 성장과 발전이 시작되는 지점이기 때문입니다.

미국의 철학자 존 듀이(John Dewey)는 이를 가리켜 **반성적 사고**라고 말했습니다. 반성적 사고는 일종의 문제해결 절차라고 보면 쉽게 이해할 수 있을 것입니다. 듀이는 문제해결 절차를 다음과 같이 단계화했습니다.

여러분은 혹시 언제 당혹감을 느끼나요? 대체로 우리 인간은 자신의 예상대로 결과가 나오지 않았을 때 당혹감을 느끼곤 합니다. 지금까지의 경험으로 해결되지 않는 상황이 벌어지면 누구라도 당혹감을 느낄 것입니다. 사실 이는 매우 직관적인 과정입니다. 왜냐하면 당혹스러운 감정은 미처 생각하기도 전에 바로 전달되기 때문입니다. 당혹스러운 상황에 부딪치고 나면 비로소 생각이 시작됩니다.

"왜 이렇지?"

"대체 뭐가 잘못된 거지?"

"이제 앞으로 어떻게 하지?"

다음에는 이 당혹스러운 감정의 원인을 알아봐야 합니다. 이 원인을 알아보는 과정에서 비로소 문제가 명확히 인식되지요. 예컨대 뉴턴이 나무에서 떨어지는 사과를 보고, "저 사과는 왜 위에서 아래로 떨어지는 걸까?"라고 질문을 제기한 것은 바로 문제를 명료화한 단계라고 할 수 있습니다.

문제가 주어지면 해결책을 찾아야 합니다. 그러나 해결책은 자판기에서 바로 뽑을 수 있는 음료수가 아닙니다. 우선 문제 상황을 해결할 수 있는 대안이 무엇인지 다양하게 생각해보아야 합니다. 그리고 비교, 추론을 통해 가장 합리적인 대안을 선택해야 하지요. 다음에는 이를 현실에 적용해보고, 실험을 하면서 검증합니다. 만약 이 과정에서 예상했던 결과가 나오지 않으면 다시 원점으로 돌아갑니다. 새로운 가설을 선택하고 검증하는 과정을 또다시 반복하는 것입니다.

우리 인간은 바로 이러한 반성적 사고의 과정을 통해 성장과 발전을 거듭해올 수 있었습니다. 듀이에 의하면 반성적 사고의 목적은 경험의 재구성입니다. 쉽게 말해 과거의 경험을 통해 발전하고 성장한다는 뜻이겠지요. 인간은 자신의 경험을 항상 새롭게 창조하고 의미를 부여하는 존재입니다. 다시 말해 인간은 과거의 경험에 종속된 존재가 아니라는 뜻입니다. 전통이나 관습을 존중하되 문제가 있다면 그것을 수정하고 발전시켜나갈 수 있는 것이 바로 우리 인간입니다.

### 하나보다는 둘, 둘보다는 셋일 때 더욱 강력해지는 것

이제 여러분은 우리 인간의 성장 동력이 반성적 사고 과정에 있음을 알았을 것입니다. 그런데 이러한 반성적 사고의 과정은 혼자서 할 수 있는 게 아닙니다. 왜냐하면 타인들의 검증과 동의의 과정이 필요하기 때문이지요. 예컨대 어떤 과학자가 새로운 이론을 발표했다고 해서 그것이 바로 과학 이론으로 세상에 받아들여지지 않는 것처럼 말입니다. 새로운 이론에 대한 동료 과학자들의 검증 과정이 필요합니다. 이를 통과하였을 때 비로소 객관적인 이론이 되는 것입니다.

사회적·도덕적·정치적 문제도 이와 마찬가지입니다. 객관성이라는 것은 어느 날 갑자기 신이 건네주는 선물이 아닙니다. 다양한 사람들의 관점과 입장을 합리적으로 비교하고 검토하는 과정을 거쳐 얻어지는 것인데, 이러한 과정이 바로 **토론**입니다.

그런데 문제는 누구나 자신의 경험을 재구성하면서 삶을 성장시켜가는 게 아니라는 점입니다. 사실 주위를 살펴보면 반성적 사고 과정이 제대로 이루어지지 못한 경우를 꽤 많이 볼 수 있습니다.

예컨대 성적을 비관해서 자살을 하거나, 돈이 필요하다며 친구의 돈을 갈취하는 행위에 대해서 살펴볼까요? 성적이 떨어졌거나 돈이 필요한 상황은 분명 문제 사태임에 틀림없습니다. 그런데 과연 자살과 갈취가 문제해결의 가장 합리적인 선택이었을까요? 최선의 판단이었을까요? 아마 여러분도 그렇지 않다는 데 동의할 것입니다. 원인은 다양하겠지만, 이러한 부적절한 판단을 일으킨 근본적인 원인으로 사고의 빈곤을 빼놓을 수 없습니다.

토론을 통해 반성적 사고의 과정을 이끌어가려면 고차적 사고가 필요합니다. 교육학자 매튜 립맨(Matthew Lipman)은 고차적 사고를 비판적 사고, 창의적 사고, 배려적 사고로 분류했습니다. 간단히 살펴보면, 비판적 사고는 이유와 기준을 가지고 판단하는 논리적인 사고를, 창의적 사고는 다양한 가설과 대안을 제시하는 문제해결적 사고를 말합니다. 그리고 배려적 사고는 타인의 감정에 공감하고 가치를 고려하는 사고라고 생각하면 됩니다. 그런데 이러한 세 가지 사고는 따로 떨어져서 작동되는 게 아닙니다. 하나의 문제 상황 속에서 동시다발적으로 작동되면서 가장 합당한 판단으로 우리를 이끌게 되지요. 다음의 그림처럼 말입니다.

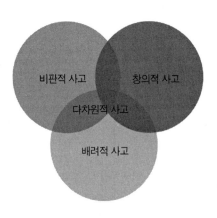

비판적 · 창의적 · 배려적 사고의 관계

## 깊은 생각을 거치지 않은 생각은 위험천만하다

우리 교육계가 인간의 사고력에 관심을 갖게 된 것은 비교적 최근입니다. 최근 전 세계적인 교육의 흐름은 역량 중심으로 흘러가고 있습니다. 이때 역량이라는 것은 어떤 일을 수행할 수 있는 내적 특성 정도로 표현됩니다.

그런데 이는 엄밀히 따지고 보면 생각하는 힘을 말합니다. 다시 말해 교육의 중요한 목표는 생각하는 힘을 키워주는 것이라고 할 수 있을 것입니다. 그러나 여전히 이에 대한 논의는 부족한 것이 안타까운 현실입니다.

실제로도 논리적인 사고는 뛰어난데 타인에 대한 배려가 부족한 학생, 수많은 해결책은 제시하지만 정작 자신의 관점이나 줏대가 없는 학생, 타인의 아픔에 공감하지만 합리적인 해결책은 제시하지 못하는 학생 등 생각하는 힘이 부족한 사례는 여전히 많습니다.

한쪽으로 기울어진 사고만으로는 4차 산업혁명 시대에 새롭게 나타날 수많은 복잡한 문제들은 고사하고, 지금 우리 앞에 놓인 문제들조차 해결하기 힘들 것입니다. 예컨대 다음과 같은 질문을 생각해볼 수 있습니다.

- 안락사는 윤리적인가?
- 우리는 동성애를 지지해야 하는가?
- 청소년들에게 선거권을 주어야 하는가?
- 난민들을 받아들여야 하는가?
- 청소년의 두발과 복장 자유를 허용해야 하는가?
- 인공지능 로봇도 인간으로서 대우해주어야 하는가?

혹시 위 질문들에 대해 여러분의 입장을 간단히 말해볼 수 있나요? 만약 위와 같은 질문들에 대해 깊이 생각해보지도 않은 채 간단히 자신의 입장을 결정하고 판단해버린다면 이는 실로 위험천만한 일이 아닐 수 없습니다. 왜냐하면 위 질문들은 하나같이 다양한 사람들의 이익과 가치들이 결부되어 있는 중요한 문제들이니까요. 심지어 다른 사람의 생명과 삶을 좌우할 수도 있는 문제이기도 합니다. 이러한 문제들에 대해 깊은 생각도 하지 않고, 아무런 대화와 토론 없이 판단하고 자신의 입장만을 주장하는 것은 그 자체로 일종의 폭력이 될 수 있습니다.

그런 의미에서 윤리교육이 가장 먼저 가르치고 배워야 할 것은 판단 유보라고 생각합니다. 섣불리 결정해버리기 이전에 다른 사람들과 충분히 토론하거나 생각해보지 않은 문제에 대해서는 우선 판단을 유보할 줄 아는 태도가 절실히 필요하다는 뜻입니다. 평소 그러한 문제들에 대해 관심을 가지고 탐구해왔던 사람들과 함께 토론하고, 관련된 책들도 두루 찾아보면서 자신의 입장을 차근차근 정립해나가는 것이 중요합니다.

물론 하루아침에 이루어질 순 없습니다. 자신의 자아를 새롭게 재창조해나가는 과정이니까요. 그만큼 고단하고 오랜 시간을 필요로 합니다. 육체의 근육을 키우는 것처럼 정신의 근육을 차근차근 키워가는 수련의 과정인 것입니다.

### 스스로 생각하고, 스스로 선택한다는 것

우리 사회에 만연한 온갖 문제들은 그 어떤 것도 한 가지 원인에 좌우되지 않습니다. 수많은 원인들이 존재하고, 또 그만큼 수많은 해결책들이 존재합니다. 게다가 매 순간 새로운 문제들이 속속 등장하고 있습니다. 이 모든 것들은 결코 기계적으로 예측할 수 없습니다. 왜냐하면 순간순간 새롭게 창조되고 변화하기 때문이지요. 따라서 그때그때 상황과 맥락 속에서 신중하게 판단하고, 가장 적절한 대안을 찾아가야 합니다.

본격적인 4차 산업혁명 시대에는 인간과 기계, 자연과 인공, 현실과 가상의 경계가 무너지면서 아마 지금보다 훨씬 더 복잡해지고 혼란스러워질 것입니다. 삶 속에서 등장하는 윤리적 문제 역시 단순히 도덕규범이나 원리를 잣대로 내세워 해결될 수 있는 것들이 아닙니다. 내가 과연 제대로 살고 있는 것인지, 내 삶은 어떤 의미가 있는지 더욱 혼란스러워질 수 있습니다. 그래서 대비가 필요한 것입니다.

고차적 사고는 선생님이나 부모님이 여러분에게 가르쳐줄 수 있는 게 아닙니다. 머릿속에 주입할 수 있는 것도 아니고요. 예컨대 헬스장 코치의 강의를 듣는다고 해서 몸짱이 될 수 있을까요? 단지 스스로 운동을 하는 데 조언 정도의 역할을 해줄 뿐이지요. 마찬가지입니다. 정신의 근육 역시 스스로 단련시키지 않으면 아무런 소용이 없습니다. 우리 청소년들에게 생각연습이 필요한 이유입니다.

초고속 인터넷, 스마트폰의 대중화로 우리 모두는 어느새 스스로 깊이 생각해보기보다는 스마트기기에 의존해 궁금한 것이 있을 때마다 바로 확인하고 또 쉽게 잊어버리는 데 점차 익숙해져가고 있습니다. 생각하지 않는 사람들이 점점 늘어가고 있는 것입니다.

또한 스스로의 판단이나 결정보다는 유행에 휩쓸리고, 여론에 흔들리는 청소년들이 적지 않음을 잘 알고 있습니다. 하지만 꼭 기억했으면 합니다. 생각하는 힘은 우리 인간이 나약한 신체조건을 극복하게 해주었으며, 세상의 부당한 것들에 저항하고 이를 헤쳐나갈 수 있는 용기를 주었습니다. 우리 청소년들이 생각하기를 멈춘다면 아마 미래 우리 인간이 하게 될 모든 선택들은 참혹한 결과로 돌아올지도 모릅니다.

이 책에서 앞으로 등장하게 될 많은 질문들과 그에 따른 논의들은 여러분을 단련시키는 데 유용한 도구들이 될 것입니다. 중요한 건 이 도구들을 가지고 여러분 스스로 생각해보는 것입니다. 물론 스스로 생각한 후에는 다른 친구들과의 치열한 토론의 과정도 필요합니다. 그 속에서 여러분들의 생각도 더욱 깊고 풍성해질 거라고 필자들은 확신합니다.

소크라테스(Socrates)는 음미되지 않는 삶, 성찰하지 않는 삶은 살아갈 가치가 없다고 했습니다. 여러분들의 독서도 자신의 삶을 음미하고 성찰하는 경험이 되기를 진심으로 바랍니다.

우리 인간은 어떤 존재일까요? 인간의 특성을 어느 한 가지로 규정할 순 없습니다. 다만 우리 인간이 생각을 통해 세상을 바꿔왔고, 앞으로도 계속 바뀌가게 될 것이라는 데는 의문의 여지가 없을 것입니다. 생각연습 1에서는 우리 인간을 좀 더 이해하는 데 여러분에게 도움이 될 만한 몇 가지 이야기와 질문을 담아보았습니다.

생각연습
인간이라는 존재

# 무엇이 인간을
# 말해주는가?

"인간은 모두 다르다. 표준적 인간 또 평범한 인간이란 존재하지 않는다.
발을 내려다보지 말고 별을 올려다보라"

– 스티븐 호킹

에라,
이 짐승만도 못한 인간아!

최근 뉴스를 보면 섬뜩한 이야기들을 예사롭게 접할 수 있습니다. 늙은 부모를 상습적으로 폭행한 패륜한 자식, 어린 자녀를 모질게 학대한 비정한 부모, 제자를 성추행한 파렴치한 교사, 아무 이유도 없이 잔인한 살인이나 폭행을 일삼는 '묻지마' 범죄자 등 사나운 기사들이 거의 매일 쏟아집니다. 여러분도 연쇄살인마로 유명한 유영철이나, 조두순 같은 파렴치한 성범죄자들이 세상에 드러나면서 사이코패스나 소시오패스 같은 말을 들어보았을 것입니다. 이런 극악무도한 범죄자들을 보며 사람들은 '짐승 같은 인간' 아니 '짐승만도 못한 인간'이라며 손가락질합니다.

　어른들은 우리 사회가 예전과 달리 점점 더 비정해지고 각박해지고 있다며 한탄합니다. 공동체가 무너지고 사람 간의 정이 사라져버렸다는 것입니다. 뉴스에서 떠드는 험악한 이야기들을 들어보면 그런 것도 같습니다. 그런데 정말로 이러한 현상들이 비단 현대 사회만

의 문제일까요? 글쎄, 꼭 그렇다고 볼 수만은 없을 것 같습니다. 왜냐
하면 과거에도 이러한 일들은 비일비재했으니까요.

## 시대를 막론하고 비정한 인간은 존재했다

조선 시대를 예로 들어볼까요? 양반들은 자신보다 신분이 낮은 이
들의 재산이나 생명을 하찮게 여기는 경우가 많았습니다. 또한 대의
명분을 앞세워 개인의 생명이나 인권은 쉽게 짓밟히기도 했지요.

영조와 사도세자의 일화를 생각해보세요. 아무리 잘못을 했어도
자식을 좁은 뒤주에 가둔 채 물 한 모금 주지 않고 쫄쫄 굶겨 죽이
는 건 아무리 생각해도 상식적인 사건은 아닙니다. 일제 강점기에
는 말할 것도 없거니와 6.25전쟁이나 독재정권 시대에도 상상을 초
월하는 잔혹한 학대와 억압이 만연했습니다. 그렇게 본다면 우리는
지금 과거 어느 때보다도 인간다운 사회에 살고 있는 것인지도 모
릅니다.

시공간을 막론하고 어느 사회에서나 인간답지 못한 행동에 대한
비난은 항상 존재해왔습니다. 그렇다면 우리는 언제 인간답지 못
하다는 말을 쓸까요? 일반적으로 보면 비도덕적이거나 반인륜적인
범죄에 대해 쓰는 경우가 많을 것입니다. 특히 가족이나 친족 사이
또는 친한 친구나 사제지간에 벌어진 범죄인 경우 그 비난의 강도
는 더욱 거세집니다.

그 외에도 건강을 생각하지 않고 닥치는 대로 먹고 마시거나, 충
동적으로 필요도 없는 물건을 마구 사들이다가 감당할 수 없는 빚

을 지는 사람을 보면서도 '뭐 저런 인간이 다 있냐!'며 혀를 차기도 합니다. 너무 감정적이거나 충동적인 행동 또한 인간답지 않다는 생각이 깔려 있는 탓이겠지요.

반대로 너무 빈틈없이 냉철하고 계산적인 사람을 봐도 우리는 '인간적인 맛이 없다'는 말을 합니다. 여러분도 한번쯤 다른 사람의 아픔에 전혀 공감하지 못한 채 잘잘못만 집요하게 파고드는 친구를 만나본 적이 있을 것입니다. 따지고 보면 분명 틀린 말 하나 없이 맞는 말만 골라 하는데, 이상하게 그 친구의 말을 듣고 있다 보면 기분이 나빠집니다.

같은 반 친구가 불치병에 걸려 시한부 선고를 받았다고 가정해볼까요? 어린 나이에 불치병이라니, 상상만으로도 참으로 안타까운 일이 아닐 수 없습니다. 그런데 그때 어떤 아이가 이렇게 말했다면 어떨까요? "너 불치병에 걸렸다며? 이제 우리가 볼 수 있는 날도 얼마 남지 않았구나. 그래서 말인데, 죽기 전에 지난번에 PC방 간다고 빌려갔던 내 돈부터 갚아주지 않을래?"

물론 실제로 이런 말을 하는 친구는 없겠지만, 만에 하나 정말로 이런 말을 하는 친구가 있다면 여러분은 분명 돈밖에 모르는 비정한 놈이라며 인간답지 못하다고 욕할 게 뻔합니다.

### 인간답다는 것은 과연 뭘 의미할까?

인간답지 못하다는 말은 인간다움에 대한 일정한 기준을 전제로 합니다. 그러면 대체 인간다움이란 무엇일까요? 이에 대해 두 가지

기준을 생각해볼 수 있습니다. 첫째는 도덕적 기준입니다. 우리가 잘 아는 피노키오는 원래 제페토 할아버지가 만든 나무 인형이었습니다. 피노키오는 거짓말을 할 때마다 코가 길어졌습니다. 남을 속이는 행동을 할 때마다 인간으로부터 점점 멀어진 거죠. 하지만 결국 마지막에 이르러서 요정은 피노키오를 인간으로 만들어주었습니다. 왜 그랬을까요? 바로 제페토 할아버지를 구하기 위해 자신을 희생한 행동 때문이었습니다. 이는 자기희생이라는 도덕적 행위를 인간만의 숭고한 특성으로 본 것을 의미합니다.

둘째는 이성과 감정의 적절한 조화입니다. 우리는 컴퓨터처럼 지나치게 계산적이거나 반대로 짐승처럼 충동이나 본능에만 의존한 존재를 참된 인간으로 보지 않습니다. 아리스토텔레스는 이러한 인간의 특성을 나타내기 위해 중용이라는 말을 썼습니다. 양 극단적 행위를 경계하고 상황에 적절한 생각과 행동을 강조한 거죠. 예를 들자면 용기라는 덕은 비겁한 행위와 무모한 행위의 중간인 셈입니다. 즉 인간다움이란 지나치게 기계적이거나 감정적인 것 사이의 중용을 찾는 것이라고 할 수 있지 않을까요?

오늘날에는 인권이 강조되고, 법과 정의에 대한 논의가 활발해지면서 인간다움에 대한 많은 이야기를 자유롭게 나눌 수 있게 되었습니다. 적어도 이러한 이야기를 하는 데 외부의 위협을 감수할 필요는 없어졌다는 뜻입니다. 오히려 이러한 인간다움에 대한 최근의 도전은 인간 내부의 무의식 깊은 곳에서 시작되고 있습니다. 자극적인 마케팅이나 대중매체, 인간의 욕망을 마구 자극하는 각종 포

털 사이트, 승자 중심의 살벌한 경쟁사회 속에서 우리가 인간다움을 유지하기란 참으로 어려워 보입니다.

### 인간다움 수호를 위해 필요한 깨어 있는 정신

경쟁사회에서는 때론 단 몇 장의 서류가 나를 평가하는 지표가 되기도 합니다. 대표적인 예가 바로 이력서라고 할 수 있지요. 우리 사회에서 한 인간은 자신을 나타내는 각종 지표, 예컨대 중·고등학교 성적이나 대학 학점, 토익 성적, 자격증 개수 등을 통해 냉정한 평가를 받습니다.

겨우 숫자 몇 개가 누군가의 삶 전체를 평가하는 기준이 되었다는 현실이 참으로 씁쓸합니다. 그러나 우리 역시 그러한 숫자 몇 개로 타인을 무심코 평가하고 있는지도 모릅니다. 예컨대 이번 시험에서 몇 등을 했는지 또는 몇 점을 맞았는지 등과 같은 척도로 여러분도 이미 다른 친구들을 평가하고 있을지 모릅니다. 하지만 이런 식의 평가는 곧 치열한 경쟁으로 이어지지요. 어쩌면 지금 우리가 치르고 있는 이토록 치열한 경쟁은 인간과의 경쟁이 아닌 숫자와 치르고 있는 경쟁인지도 모릅니다.

이제 사회는 4차 산업혁명의 시대로 넘어가고 있습니다. 4차 산업혁명은 초연결, 즉 융합을 특징으로 하지요. 사물 인터넷과 같이 모든 것이 인간과 연결되는 것입니다. 이 속에서 기계와 인간의 경계는 점점 더 흐려질 수밖에 없습니다. 인공지능의 발달은 이러한 현상을 더욱 부추길 게 불을 보듯 뻔합니다.[1]

어쩌면 앞으로 기계를 대하듯 인간을 대하는 것에 대해 아무런 죄책감조차 느끼지 못하게 될 수도 있습니다. 그리고 안타깝게도 이러한 현상은 이미 진행 중입니다. 온라인 게임을 하다가 상대방 유저에게 아무런 죄책감 없이 온갖 상스러운 욕설을 내뱉는 건 흔한 일입니다. 이때 상대방은 나와 동등한 인격을 소유한 한 인간이 아닌 단지 모니터 너머 어딘가에 존재하는 게임 캐릭터 나부랭이에 불과할 뿐이죠.

과거에는 인간다움을 지키기 위해 외부의 적과 싸웠습니다. 예컨대 나치즘과 파시즘 등에 맞서 싸우거나, 기아와 인종 차별에 저항해야 했습니다. 독재정권에 굴복하지 않으려고 온갖 핍박 속에서도 목소리를 높여야 했고, 반인권적인 법률과 제도 개선을 위해 수많은 사람들이 삶을 바쳐야 했습니다.

그런데 이제는 그러한 싸움이 우리 내부로 들어온 것입니다. 이 싸움에서 버티고 이기려면 깨어 있어야 합니다. 깨어 있는 정신으로 삶과 사회에 대한 생각과 고민을 이어가야 할 것입니다. 끊임없이 인간다움의 기준, 삶의 의미에 대해 캐물어야 합니다. 어쩌면 앞으로의 세상 속에서 여러분들은 인간다움에 대한 새로운 기준을 만들어가야 할지 모릅니다. 여러분 스스로 끊임없이 질문을 던지는 삶이야말로 인간다움을 유지하는 길이 아닐까요?

..........................
1. 인공지능에 대해서는 이 장의 마지막에 한 번 더 이야기하려 한다.

과거에는 인간다운 삶을 억누르는 외압에 맞서 싸워야 했다면 현대 사회는 외적 억압보다는 스스로 인간성 수호를 위한 내적 싸움이 더 치열하게 이루어져야 한다고 봅니다. 다음 질문에 대해 자유롭게 생각해보고, 친구들과 함께 서로의 생각을 나누며 토론해보는 시간을 가져보면 어떨까요? 답이 정해진 질문이 아니므로 자유롭게 생각하고 마음껏 토론해보세요.

1. 어느 날 외계인 내려와서 물었습니다. "난 인간이라는 존재를 처음 봐. 혹시 나에게 인간이라는 것이 무엇인지 설명해줄 수 있겠니?" 여러분이라면 이 질문에 뭐라고 대답하겠습니까?

2. 누군가는 인간다움이라는 것이 없다고 주장합니다. 인간은 고정된 어떤 특성으로 설명할 수 없는 존재라는 이유지요. 그럼에도 불구하고 여러분들은 인간다움에 대해 이야기하는 것이 필요하다고 생각하나요? 그렇다면 그 이유는 무엇인가요?

3. 인간다움은 주어지는 것일까요? 아니면 만들어가야 하는 것일까요? 자유롭게 생각해보세요.

우리는 모두
거짓말을 한다

'양치기 소년과 늑대'라는 이솝우화는 여러분 모두 잘 알고 있을 것입니다. 반복된 거짓말로 마을 사람들을 속이다가 진짜로 늑대의 공격을 받게 된 거짓말쟁이 소년의 최후를 통해 거짓말은 참 나쁜 것이라는 강렬한 교훈을 심어줍니다.

그런데 조금 다른 거짓말도 있습니다. 여러분에게는 좀 생소할 수도 있는 옛날 영화인 〈인생은 아름다워(1997)〉에서 주인공 귀도는 겨우 다섯 살 된 어린 아들 조수아와 함께 유대인 수용소로 끌려 갑니다. 어른들도 한 번 들어가면 살아나오기 힘들다고 알려진 무시무시한 곳이었죠. 하물며 어린 아들은 얼마나 무섭고 불안했을 까요? 이런 상황에서 귀도의 기지는 빛을 발합니다. 자신의 어린 아들 조수아에게 무자비한 수용소 생활을 단체게임이라고 하면서, 1000점을 먼저 따는 우승자에게는 진짜 탱크가 주어진다고 한 거죠. 그렇습니다. 귀도는 거짓말로 아들을 속였습니다. 여러분은 귀도의 이러한 행동에 대해 어떻게 생각하나요? 양치기 소년처럼 벌을 받아야 마땅할까요?

## 인간은 왜 거짓말을 하는가?

우리는 아주 어릴 때부터 매 순간 거짓 없이 진실해야 한다고 배워왔습니다. 독일의 철학자 칸트(Immanuel Kant)는 어떠한 이유에서도 거짓말은 옳지 못하다고 했습니다. 왜냐하면 거짓말은 자신의 의도를 달성하려고 상대방을 수단으로 대하는 것이기 때문입니다. 친한 친구가 나에게 거짓말을 한 것을 알게 되었을 때나 정치인들이 국민들을 상대로 거짓말을 했다가 들통이 날 경우, 크게 실망하며 비난하게 되는 건 바로 이 때문일 것입니다.

그렇다면 인간은 주로 언제 거짓말을 할까요? 우선, 이기적인 욕망을 합리화, 즉 포장하려는 때입니다. 우리는 누구나 합리적인 존재이고 싶어 하죠. 예를 들어 편의점에서 거스름돈을 더 받은 걸 알게 되었다고 가정해볼까요? 그때 스스로 이렇게 거짓말하기 쉽습니다. "나는 돌려주고 싶지만, 이미 편의점에서 나왔고, 난 지금 시간도 없으니 어쩔 수 없군. 돈을 더 받았다는 걸 바로 알았다면 분명 돌려주었을 거야!" 자신의 행위가 결코 비도덕적이거나 이기적인 행동은 아니라며 스스로를 정당화하는 거죠. 이렇게 비도덕적 행위를 거짓으로 합리화하는 것을 가리켜 흔히 모럴 다이어트(Moral Diet)라고 합니다.

또한 사람들은 타인에게 인정받고 싶은 욕구 때문에 거짓말하기도 합니다. 이를 인정 욕구라고 하지요. 예컨대 코피가 나도록 밤새 시험공부를 열심히 해놓고도 정작 시험 날 아침에 친구들에게 이렇게 말하는 거죠. "난 어젯밤에 일찍 잠드는 바람에 시험공부를 하나도 못 했지 뭐야!" 또는 이런 경우도 있을 것입니다. 맘에도 없는 봉사활동을 마지못해 하고 있습니다. 속내는 그저 주변 사람들에게 자신은 개념 있는 사람, 남을 돕는 괜찮은 사람으로 인정받고 싶은 것뿐인데, 남들에게는 마치 마음에서 우러나온 진심 어린 봉사인 양 거짓말을 합니다. 이렇게 우리는 타인은 물론 자기 자신을 속일 때에도 거짓말을 합니다.

특히 오늘날 우리 사회는 거짓말이 일상화, 평범화되고 있습니다. TV 광고만 봐도 그렇습니다. 광고하는 제품만 쓰면 피부가 모델의 피부처럼 백옥 같이 희고 부드러워질 것처럼 선전하지만, 효과는 거기에 미치지 못하는 경우가 대부분입니다. 또한 길거리에 즐비한 학원 광고들을 보세요. 등록만 하면 마치 성적이 드라마틱하게 오를 것처럼 유혹하지만, 주변에서 그러한 사례를 찾아보기란 하늘에 별 따기입니다.

그런데 많은 사람들이 수많은 거짓말들에 대해 일일이 따지는 대신에 으레 그런 것인 양 자연스럽게 받아들이며 넘깁니다. 예컨대 고등학교 입시나 대학 입시에서 자기소개서를 쓸 때를 생각해볼까요? 의대에 진학하고 싶은 학생이 평소 단 한 번도 고민해보지 않았던 환자의 아픔이나 고통에 대해 마치 오랜 시간 고민해온 것처럼 자소서를 쓰는 사례는 별로 어렵지 않게 찾아볼 수 있습니다. 이렇

\# 천재이고 싶은_ 거짓말쟁이_ \# 나는 _공부 하나 안 해도_ 시험만_ 잘 보는_능력자 \# 현실은_ 밤새 열공_ \# 하지만_ 들키기 싫었어요!

듯 사회 전반에 거짓이 범람하다 보니 우리 모두는 거짓말에 점차 무감각해지고 있습니다.

### 진실과 거짓의 프레임에 갇힐 때 볼 수 없는 것들

여러분은 거짓말이 언제나 나쁘다고 생각하나요? 소위 하얀 거짓 말이라고 불리는 선의의 거짓말에 관해 들어본 적이 있을 것입니다. 자신의 이익이 아닌 타인을 배려하기 위한 거짓말을 의미하지요. 예컨대 귀도가 어린 아들을 위해서 했던 거짓말처럼 말이죠.

과거 독립운동가들도 마찬가지였습니다. 조국의 독립을 위해 싸우다 일본 경찰들에게 붙잡혀 무시무시한 고문을 당하면서도 대의를 위해 그리고 동료들을 지켜내기 위해 끝까지 거짓말을 했습니다. 남은 동료들의 안위를 위해 혼자서 한 행동이라고 한다거나, 독립운동 계획을 숨기기 위해 끝까지 잡아떼야 했죠.

2017년에 개봉한 영화 〈1987〉을 보면 박종철 열사는 함께 학생 운동을 하던 선배가 있는 곳을 끝끝내 모른다고 거짓말을 하다가 고문 끝에 숨을 거두고 맙니다. 대부분의 사람들은 이와 같은 선의의 거짓말은 고귀하고 칭송할 만한 행위라고 생각하지요. 만약 이들이 알고 있는 대로 진실을 말했다면 오히려 큰 비난을 받았을 것입니다.

때때로 우리는 오롯이 진실만을 말하는 친구를 융통성 없이 꽉 막혀 답답하다고 조롱하기도 합니다. 인간은 타인과 관계를 맺으며 살아갑니다. 그래서인지 때로는 상대의 기분을 맞추기 위해 거짓말이 필요할 때도 있습니다. 상대방 역시 그것이 거짓인 줄 뻔히 알면서도 기꺼이 속아주며 굳이 거짓을 추궁하지 않습니다. 이렇게 보면 또 거짓말이 우리 삶에서 꼭 필요하고 때로는 옳은 행위인 것 같기도 합니다. 좋은 의도나 목적을 가지고 하는 선의의 거짓말은 필요하다는 생각도 듭니다.

하지만 조금만 더 생각해보면 이것이 그리 단순하게 생각할 문제는 아니라는 것을 알 수 있습니다. 왜냐하면 일단 거짓말의 의도가 자신의 이익을 위한 것인지, 상대방을 위한 것인지를 판단하는 것 자체가 쉽지 않기 때문이지요. 스스로는 상대방을 위한 것이라고 정당화하고는 있지만, 오히려 자신의 평판을 위해 거짓말을 하는 경우도 꽤 많기 때문입니다.

어떤 사람들은 의도가 뭐든 간에 상대방의 기분만 좋게 만들 수 있다면 거짓말이 뭐가 문제냐고 반문할 수도 있습니다. 하지만 그렇게 본다면 정치인들이 국민들을 상대로 쏟아내는 거짓말 또한 국민을 기분 좋게 하려고 한 것이니 선의의 거짓말로 받아들여야 하나요? 아마 대부분 절대 동의하지 않을 것입니다.

또한 의도나 목적만 선하다면 결과와 상관없이 선의의 거짓말을 해도 되느냐의 문제도 생각이 필요합니다. 왜냐하면 아무리 좋은 의도로 거짓말을 했다고 해도, 결과적으로는 상대방에게 피해를 주는 경우도 생각보다 꽤 많기 때문이지요. 전지전능한 신이 아닌 이상 우리 인간이 모든 행위의 결과를 정확하게 예측하기란 거의 불가능하니까요.

불치병에 걸린 가족이 하루라도 더 행복하게 지내기를 바라는 마음에 몹쓸 병에 걸린 사실을 숨겼다고 가정해볼까요? 그런데 만약 나중에 그 사실을 알고 나서 자신의 삶을 정리할 시간조차 갖지 못했다며 절망한다면 어떻게 하나요? 어쩌면 가족을 위한 선택이었다기보다는 상대가 힘들어하는 모습을 지켜보기 싫어서 자기 마음 편하자고 거짓말을 한 것은 아닐지 고민해볼 필요가 있습니다. 칸트의 말처럼 모든 거짓말은 의도와 상관없이 자신을 위해 상대방을 수단으로 대하는 행위일지도 모릅니다.

그렇지만 평생 동안 거짓말을 하지 않고 살아가기란 거의 불가능한 미션에 가깝습니다. 때때로 사람들은 자신도 모르게 거짓말을 합니다. 심지어 거짓말을 하고도 그 사실을 깨닫지 못하는 경우도 꽤 많습니다.

많은 부모는 자기 자식이 세상에서 제일 똑똑하다고 생각합니다. 객관적으로 본다면 진실과는 거리가 멉니다. 그저 스스로를 속이는 것이지요. 하지만 그렇게 자기 자신을 속이면서 행복한 마음으로 애정을 다해 자녀를 키웁니다.

지난 일주일을 돌이켜 생각해보세요. 여러분은 과연 얼마나 많은 거짓말을 했나요? 남을 속인 적은 언제이며, 나를 속인 적은 또 언제인가요? 거짓말을 아예 하지 않는 것은 불가능합니다. 하지만 적어도 수많은 거짓 속에서 어떠한 진실과 가치를 찾아가야 할지 고민해보는 노력은 우리에게 필요하지 않을까요?

**넌 어떻게 생각하니?**

어릴 때부터 거짓말은 나쁜 것이라고 배워왔지만, 실제로는 누구나 거짓말을 하며, 심지어 거짓말을 전혀 하지 않고 세상을 살아가기란 불가능합니다. 다음 질문에 대해 자유롭게 생각해 보고, 친구들과 함께 서로의 생각을 나누며 토론해보는 시간을 가져보면 어떨까요? 답이 정해진 질문이 아니므로 자유롭게 생각하고 마음껏 토론해보세요.

1. 다음 사례에 해당하는 자신의 경험을 적어봅시다. 그리고 그 경험이 왜 이 사례에 속하는지 이유도 적어봅시다.

| 사례 | 경험 | 이유 |
|---|---|---|
| 거짓말을 하면 안 되는데 거짓말을 한 경우 | | |
| 거짓말이 꼭 필요한 경우에 거짓말을 한 경우 | | |
| 거짓말을 해도 되고 안 해도 되는데 거짓말을 한 경우 | | |

2. 모든 사람들이 진실만을 말하는 사회를 생각해봅시다. 이러한 사회에서는 어떤 문제들이 일어날까요?

혼자 있어도
혼자가 아니야!

여러분은 '무인도' 하면 무엇이 떠오르나요? 또 만약 여러분이 무인도에 홀로 고립된다면 어떻게 할 것 같나요? 여기 홀로 수년간 무인도에 고립된 사나이가 있습니다. 영화 〈캐스트 어웨이 (2000)〉에서 택배회사에서 일하던 주인공 척은 비행기 사고로 인해 홀로 무인도에 고립되고 맙니다. 그는 사고 때 함께 쓸려온 몇 가지 택배 물건 말고는 아무것도 없는 섬에서 4년간 온갖 고생을 하면서 살아남습니다. 편의시설이 갖춰진 문명사회에서 살아온 그였기에 처음에는 스스로 불을 피우고, 먹을거리를 구하거나, 잠자리를 만드는 일들 등 어느 것 하나도 만만한 일이 없었지요.

그러던 어느 날 자신과 무인도에 함께 휩쓸려온 택배 물건 중 하나인 배구공에 정을 붙이게 됩니다. 처음에 그는 이 배구공이 생존에 아무 쓸모도 없는 물건이라고 생각했지만, 우연히 자신의 피가 묻은 배구공에 눈코입을 그려 넣으면서 배구공은 그의 둘도 없는 절친(?)이 되었습니다. '윌슨'이란 이름과 함께. 피로 그린 얼굴이 흐려지면 기꺼이 손에 상처를 내서 얼굴을 다시 손봐줄 만큼 척은 윌슨을 애지중지합니다. 윌슨은 삭막한 무인도 생활에서 척의 말을 들어주고(?), 위로가 되어주는 유일무이한 존재가 된 거죠. 어쩌면 무인도에서 척에게 가장 큰 적은 배고픔보다는 외로움이었을지도 모릅니다.

### '나 홀로' 재미에 푹 빠진 청춘들

최근 우리 사회에서는 혼술, 혼밥 같은 단어들이 유행 중입니다. 이러한 단어들 속에는 타인과 굳이 깊이 있는 관계를 맺지 않고서도 혼자서 얼마든지 즐겁게 살 수 있다는 생각이 담겨 있습니다. 취업하기가 점점 어려워지고 각자의 삶이 바빠지면서 관계를 맺는 것 자체가 일종의 부담으로 다가오는 경우도 적지 않습니다. 왜냐하면 친구나 연인을 만나면 밥을 사먹거나 영화라도 봐야 하고, 기념일이 되면 선물도 챙겨야 하니까요. 결국 이 모든 게 다 돈이고, 시간입니다. 각자의 삶을 살기에도 버거운 젊은이들은 인간관계에서 오는 부담이 적지 않은 스트레스라며 하소연합니다.

요즘 우리 사회는 청년실업의 증가와 집 값 부담이 늘어나면서 1인가정이 증가되는 추세입니다. 이에 따라 1인가정 마케팅도 늘어나고 있습니다. 편의점에 가면 혼자 사는 사람들을 위한 도시락이나 식재료들이 다양하게 진열되어 있습니다. 1인용 세탁기나 1인용 밥솥도 나오고 있지요. 식당이나 카페에 들어가면 혼자 온 사람들을 위한 공간을 따로 마련해둔 경우도 심심치 않게 볼 수 있습니다. 최근 인기리에 방영 중인 예능 프로그램 〈나 혼자 산다〉 역시 혼자 살고 있는 연예인들의 삶을 재미있게 편집해 보여줌으로써 화제가 되고 있습니다.

"타인은 지옥이다." 이는 프랑스의 철학자 사르트르(Jean-Paul Sartre)가 한 말입니다. 말 그대로 타인과 관계를 맺고 살아가는 것은 쉽지 않습니다. 혼자 있으면 아무도 신경 쓰지 않고 배려할 필요도 없습니다. 타인이 개입되는 순간 나의 자유는 제한될 수밖에 없습니다. 내가 좋아하고 즐기는 것뿐만 아니라 타인이 좋아하고 원하는 것이 무엇인지도 알아야 합니다. 친구 여럿이 모였을 때 뭘 먹을지 메뉴를 고르는 장면을 한번 떠올려보세요. 어쩌면 우리가 일상생활 속에서 받는 스트레스의 대부분은 인간관계에서 오는 것일지도 모릅니다.

### 관계를 맺지 않고 진정 행복할 수 있을까?

이쯤에서 한번 생각해볼까요? 인간은 혼자일 때 더 행복할까요? 이에 대해 선뜻 '그렇다'라고 대답하기는 힘들 것 같습니다. 왜냐하면 일단 인간으로 성장하려면 타인은 반드시 필요하니까요. 생후 1개월 된 아기를 우리는 인간으로 대하지 않습니다. 여기서 잠깐, '아기를 인간으로 대하지 않는다'는 말에 오해가 없었으면 합니다. 이 말은 이성적이고 대화 가능한 존재로 보지 않는다는 뜻일 뿐입니다.

아기는 끊임없는 보살핌과 사랑이 필요한 존재입니다. 오줌을 싸거나 바닥에 물건을 집어 던져도 혼내지 않죠. 아기라면 충분히 그럴 수 있다고 생각하니까요. 아기는 부모와의 끊임없는 상호작용을 통해 성장합니다. 성장하면서 형제자매, 또래 친구, 교사 등과 관계를 맺습니다. 이런 관계 속에서 아기는 비로소 한 명의 인간으로 자라납니다. 한 아이가 성장하기 위해서는 온 마을이 필요하다는 것은 바로 이런 의미일 것입니다.

이를 두고 문화심리학자 미드(George Herbert Mead)는 거울 자아라는 말을 썼습니다. 갓 태어난 아기는 나라는 존재를 인식하지 못합니다. 내가 나라는 존재를 인식하려면 타인이라는 거울을 통해서 바라봐야 합니다. 어릴 때부터 타인에게 부정적인 평가를 많이 듣고 자란 사람이 부정적인 자아를 갖게 되는 이유도 이 때문이지요.

인간은 타인을 통해 성장합니다. 나아가 감정을 느끼게 되는 것역시 타인을 통해서입니다. 고통, 좌절, 아픔이 관계 속에서 발생하는 것이라면 기쁨, 행복, 희열, 보람 역시 마찬가지일 것입니다. 유발 하라리(Yuval Noah Harari)는 인간이 문명을 발전시킬 수 있었던 것은 대규모의 정교한 협력이 가능했기 때문이라고 했습니다. 곤충이나 다른 동물들은 작은 무리를 만들거나 또는 단순한 협력만이가능할 뿐이죠. 하지만 인간은 복잡한 인간관계를 적절하게 잘 유지하면서 대규모의 정교한 협력체계를 창조해낼 수 있는 능력이 있습니다. 오늘날 우리가 살고 있는 국가나 사회는 이러한 인간의 정교한 협력이 만들어낸 창조물입니다.

결국 우리가 진정한 인간으로서 인간다운 삶을 살아가기 위해서는 타인과 관계를 맺는 연습이 필요합니다. 미국의 심리학자이자

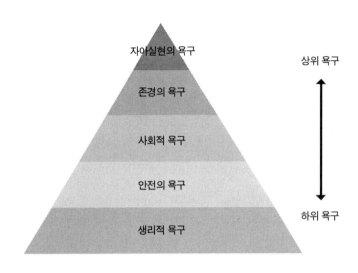

**매슬로우의 욕구 5단계**

철학자인 매슬로우(Abraham H. Maslow)는 소속과 안정의 욕구, 존중의 욕구가 충족되어야 자아실현의 욕구로 나아갈 수 있다고 했습니다.

타인과의 안정적인 관계 없이 자아실현, 행복 추구와 같은 고차적인 욕구는 충족되기 힘들다고 본 거죠. 앞서 소개한 〈캐스트 어웨이〉의 주인공 척 또한 생존의 욕구가 어느 정도 충족되자 곧바로 윌슨이란 가상의 타인을 만들어냈습니다. 하지만 윌슨은 그저 배구공일 뿐, 생각과 감정을 소통할 수 있는 진정한 타인이라고 할 수 없습니다. 그래서 결국 척은 생명의 위험까지 무릅쓰고 섬을 탈출하게 되지요.

## '좋아요'에 집착하는 외로운 사람들

TV 예능프로 〈나 혼자 산다〉에 나오는 연예인들도 곰곰이 살펴보면 정말 혼자 있는 모습만 보여주는 건 아닙니다. 단지 집에서 혼자 거주하는 것일 뿐, 그들의 하루를 면면이 살펴보면 가족이나 친구, 동료 등 누군가와 관계를 맺고 소통하며 살아가고 있습니다. 촬영 중 월슨이라는 곰 인형을 곁에 두고 있지만, 시청자들은 그 곰 인형과 이야기하는 모습보다는 출연자가 주변 사람들과 부딪히며 겪는 소소한 에피소드들을 더 좋아합니다. 프로그램에 나오는 연예인들이 끼리끼리 모임을 만들고 함께 여행을 떠나는 모습도 종종 볼 수 있습니다. 그들에게도 가상의 타인 월슨이 아닌 진짜 타인이 필요했던 게 아닐까요?

4차 산업혁명 역시 핵심은 연결과 관계의 욕구입니다. SNS나 트위터와 같은 소셜미디어, 사물인터넷, 인공지능 등은 끊임없이 타인과 연결되고자 하는 인간의 근원적 욕구를 실현시켰습니다. 이제 인간은 시공간의 제약을 뛰어넘어 서로 연결됩니다. 그리고 그 연결의 대상 역시 더 이상 인간에 국한되지 않습니다. 가상의 AI와도 소통을 할 수 있게 된 거죠.

디즈니의 애니메이션 〈미녀와 야수〉를 보면 주인공 벨이 마법에 걸린 각종 주방용품들과 친구처럼 대화를 나눕니다. 하지만 우리는 마법이 아닌 기술의 혁명을 통해 각종 주방용품 및 가전제품과 자연스럽게 대화를 나누게 될 날이 머지않았습니다. 무인도에서 척은 배구공 월슨이 정말로 자신에게 말을 걸어주기를, 또 자신의 말에 대답해주기를 간절히 원했을 것입니다. 그런데 이제 그 욕망이 바로 기술의 혁명을 통해 실현 가능해진 거죠.

그럼 우리는 과거에 비해 덜 외로워졌을까요? 맘만 먹으면 시공간을 넘어 수많은 타인들과 소통할 수 있고, 하루 종일 스마트폰으로 소셜미디어에 접속해 있습니다. 얼굴도 모르는 사람들과도 얼마든지 대화를 하고 거래를 합니다.

그런데 이러한 수많은 관계 속에서 어쩐지 더 많은 허전함과 외로움을 느낄 때가 많습니다. 자신의 페이스북에 올린 게시물에 달린 '좋아요' 수에 집착하는 사람들만 봐도 그렇습니다. 어쩌면 우리들은 외로움 때문에 척이 그랬듯 수많은 가상의 윌슨을 만들어내고 있는 것인지도 모릅니다. 진짜 인간을 찾기 위해 결국 섬을 떠나기로 결심했던 척과 같이 우리 역시 진짜 관계를 위한 여정을 시작해야 할 때가 아닐까요?

넌 어떻게 생각하니?

혼자가 편하다는 사람들이 늘고 있지만, 관계에 대한 갈망은 인간의 어쩔 수 없는 욕망인 것 같습니다. 이제 다음 질문에 대해 자유롭게 생각해보고, 친구들과 함께 서로의 생각을 나누며 토론해보는 시간을 가져보면 어떨까요? 답이 정해진 질문이 아니므로 자유롭게 생각하고 마음껏 토론해보세요.

1. 사람들이 페이스북에서 자신의 게시물에 달린 '좋아요'에 집착하는 이유는 무엇일까요? 혹시 여러분은 이에 대해 긍정적으로 생각하나요?

2. 여러분은 언제 가장 외로움을 느끼나요? 여러분에게 '외로움'이라는 감정이 의미하는 것은 무엇인가요?

3. 인공지능의 발전 속도가 하루하루 눈부십니다. 그런데 여러분은 인공지능이 진정으로 인간과 소통하고 관계 맺을 수 있는 타인이 될 수 있다고 생각하나요?

무엇이
진짜 나의 얼굴인가?

이제 '세'·'월'·'호'라는 이 세 글자는 적어도 대한민국에서는
지워질 수 없는 깊은 상흔이 되고 말았습니다. 들뜬 마음으로 수학
여행 길에 올랐던 고등학생들을 비롯하여 일반인을 포함해 304명
이 목숨을 잃은, 말 그대로 안타까운 사고였습니다. 하지만 수년이
지난 이 시점에서도 우리 사회 곳곳에서는 세월호에 대한 다양한
담론이 이어지고 있습니다. 우리는 세월호를 통해 우리 사회의 뿌
리 깊은 부정의를 목격했습니다. 그리고 그 이면에 자리 잡고 있는
인간의 본성에 대해 다시금 고민하게 되었죠.

### 위기의 순간 드러난 인간의 상반된 민낯
세월호 참사에서 우리 국민을 가장 분노케 한 것 중 하나는 아마도
세월호 선장의 모습일 것입니다. 그는 배에 타고 있던 승객들의 안
전을 책임져야 하는 자리에 있음에도 불구하고 가장 먼저 위기의

배에서 탈출하기 바빴습니다. 심지어 승객들에게 그 어떤 대피 안내도 없이 말이죠. 방송을 통해 고스란히 중계된 선장의 탈출 모습은 참으로 추했습니다. 인간으로서 가져야 할 도덕적 품격 따윈 전혀 찾아볼 수 없었죠. 절체절명의 순간 드러난 모습은 이기적인 인간의 민낯 그 자체였습니다.

하지만 선장이 승객을 나 몰라라 한 채 배를 탈출하던 순간 그와 상반된 또 다른 인간의 모습도 존재했습니다. 바로 아이들을 구하기 위해 자신의 목숨을 버린 12명의 교사들과 승무원들입니다. 자신의 구명조끼를 옆 학생에게 벗어주고 또 다른 아이들을 구하기 위해 선실로 내려갔다가 끝내 돌아오지 못했던 어느 새내기 교사의 마지막 말은 아직도 우리 가슴을 저미게 합니다.

"걱정 마. 너희부터 나가면 선생님이 따라갈게!"

이렇게 삶의 끝자락에서 드러난 인간의 얼굴은 완전히 상반된 모습이었습니다. 그런데 어떤 모습이 진짜 인간의 모습일까요? 여기서 잠시 선인들의 주장을 살펴보려 합니다. 맹자(孟子)는 인간의 본성을 선하다고 보면서 그 증거로 4단(端)을 말했습니다. 4단이란 측은지심(惻隱之心), 시비지심(是非之心), 사양지심(辭讓之心), 수오지심(羞惡之心)입니다. 풀어서 보면, 불쌍히 여기는 마음, 옳고 그름을 구분하는 마음, 양보하는 마음, 불의를 싫어하는 마음이지요. 모든 인간은 태어나면서부터 이러한 착한 마음의 씨앗을 지니고 있습니다. 다만 착한 마음의 씨앗이 잘 발현되려면 공부가 필요합니다. 계몽사상가로 알려진 철학자 루소(Jean-Jacques Rousseau) 역시 인간은 누구나 선하게 태어난다고 보았습니다. 살아가면서 잘못된 환경이나 습관에 물들어서 악하게 될 뿐이라는 거죠.

반면에 순자(荀子)나 홉스(Thomas Hobbes)는 생각이 달랐습니다. 즉 인간은 본래 이기적인 존재이며, 오로지 자신의 생존만을 생각한다고 본 거죠. 주변의 아기들을 보면 알 수 있습니다. 타인에 대한 배려, 도덕적 행위를 생각하나요? 아기들은 그저 기분 좋으면 웃고, 배고프면 울 뿐이죠. 오직 자신을 중심으로 세상을 생각합니다. 피아제(Jean Piaget)라는 발달심리학자는 이때를 자기중심적 사고가 지배하는 시기로 보았습니다.

순자는 인간의 본성이 이기적이기 때문에 후천적인 공부가 중요하다고 주장했습니다. 공부를 통해 악한 본성을 억제하고 도덕적으로 행동할 수 있게 된다고 본 거죠. 홉스 역시 마찬가지입니다. 자연 상태에서의 인간은 서로 자신의 이익만을 생각하기 때문에 서로 다투기 마련이고, 결국 모두가 불행해집니다. 그래서 인간의 이기적 본성을 조절하기 위해 법과 규범이 반드시 필요하다고 주장한 것입니다.

### 어떻게 살 것인지 선택하는 건 결국…

오늘날 대부분의 학자들은 인간의 본성을 선과 악으로 단순히 양분하는 것에 대해 회의적입니다. 그렇다면 인간의 선함과 악함은 어디에서 오는 걸까요? 대표적으로는 진화론적 관점이 있습니다. 인간이 가지는 본성은 진화의 산물이라는 거죠. 인간이 환경에 적응하는 과정에서 생존에 유리하게 진화된 것이 본성입니다. 만약 도덕적으로 선하게 사는 것이 적응과 생존에 도움이 되었다면 선하게 되는 것이고, 반대로 이기적으로 행동하는 것이 도움이 되었다면 인간의 본성은 이기적으로 진화되었을 것입니다.

그러나 이는 아직 과학적으로 완벽하게 검증되지 않았습니다. 다만 집단으로 살아가는 동물들의 경우 협력적으로 행동하는 게 생존에 유리하다는 연구 결과들은 많이 나오고 있습니다. 이를 보아 인간 역시 사회를 이루기 시작하면서 '타인과의 협력, 이타적 성향을 가진 사람이 생존에 더 유리하지 않았을까?' 하는 논쟁으로 이어지고 있는 것입니다.

다음으로 환경입니다. 모든 인간은 백지로 태어납니다. 어떤 환경에서 살아가는가에 따라 인간의 본성이 만들어집니다. 범죄자 집단에서 태어나, 그러한 환경에서 살아가면 인간의 본성은 악해지기 쉽습니다. 실제로 환경의 강력한 영향력을 보여주는 사례가 있습니다. 1920년대에 늑대의 무리 속에서 자라다가 구조된 두 아이들이 있었죠. 그런데 이들 카마라와 아마라는 마치 동물처럼 행동하고 생각했습니다. 구조 후 온갖 교육을 통해 변화시켜보려 했지만, 결국 실패했습니다. 이렇게 보면 인간은 태어나고 성장한 환경에 따라 본성의 많은 부분이 결정되는 것 같습니다.

물론 위와 같은 환경이나 진화적 결정론에 반대하는 사람들도 있습니다. 이들은 인간의 선함과 악함을 결정하는 하는 건 결국 개인의 선택이라고 주장합니다. 모든 인간은 자유의지를 가지고 있기 때문이지요. 이를 두고 프랑스의 철학자 사르트르는 "열려 있는 존재"라고 하였습니다. 인간은 자신의 자유로운 선택에 의해 매 순간 새롭게 창조됩니다. 삶이란 스스로 만들어나가는 과정인 거죠.

결국 세월호 선장의 행위 역시 자신의 선택이었습니다. 그렇기 때문에 그에 대한 책임을 져야 하는 것입니다. 우리 사회는 그의 이기적인 선택에 대한 대가로 법정 최고형을 부여했습니다. 반면 아이들을 위해 기꺼이 자신을 희생한 분들의 행위 역시 그들 자신의 선택이었습니다. 그 선택이 죽음으로 이어질 수 있음을 아마 그들도 알았을 것입니다. 그렇기에 우리는 그들에게 더 깊은 감동과 찬사를 보내는 것입니다.

이 책을 읽고 있는 여러분 앞에는 수많은 날들이 남아 있습니다. 그 나날들을 어떻게 채워갈지, 어떤 삶을 살아갈지는 여러분의 선택에 달렸습니다. 자, 여러분은 어떤 선택을 하게 될까요?

넌 어떻게 생각하니?

선과 악, 인간은 양면성을 가진 존재입니다. 그리고 어떻게 살아갈지를 결정하는 건 결국 우리 자신의 선택이 아닐까요? 이제 다음 질문에 대해 자유롭게 생각해보고, 친구들과 함께 서로의 생각을 나누며 토론해보는 시간을 가져보면 어떨까요? 답이 정해진 질문이 아니므로 자유롭게 생각하고 마음껏 토론해보세요.

1. 인간의 본성은 고정되어 있을까요? 아니면 언제든 변할 수 있을까요?

2. 인간의 선한 삶을 살거나 악한 삶을 사는 데 있어 가장 많은 영향을 주는 요소는 무엇이라고 생각하나요?

3. 우리 사회에 선한 인간이 많아지기 위해서 어떤 노력이 필요하다고 생각하나요?

## 숭고한 목적과
## 일그러진 선택에 관하여

목적이 훌륭하다면 그 어떤 행동도 용납될까요? 여기 시어도어 존 카진스키(Theodore John Kaczynski)라는 사람이 있습니다. 무려 17여 년간 체포를 피해 다니며, 다양한 과학자 및 사업가에게 편지 폭탄을 보내 3명을 살해하고, 29명에게 부상을 입혔습니다. IQ 167의 천재 수학자이자 일명 유나바머(Unabomber, university and airline bomber)로 알려진 그는 자신의 행위를 현대 기술 문명과 싸우려는 시도였다고 주장했지요. 현대 기술 문명이 많은 사람들에게 불행을 안겨주고 있다고 생각한 것입니다.

많은 사람들이 유나바머의 문제의식 자체에는 상당 부분 동의할지 모릅니다. 기술의 비약적 발전으로 인한 비인간화, 환경 파괴 등은 분명 심각한 문제임에 틀림없으니까요. 하지만 아무리 그래도 그 수단까지 정당화되기는 어렵지 않을까요? 적어도 사람들의 목숨을 함부로 빼앗는 행위를 결코 정당하다고 보기는 어려우니까요.

\# 어느 천재의_ 무시무시한 일탈 \# 기술 문명이 _인간을 망친다? \# 폭탄 테러 \# 종신형

## 옳은 행위라고 판단하는 기준은 무엇인가?

이렇듯 목적이 아무리 정당할지라도 수단이 잘못되었다면 그것은 옳은 행위라고 보기 어렵습니다. 수단이 잘못되었다는 것은 두 가지 의미로 해석될 수 있습니다. 첫째는 목적 달성에 효율적이지 못한 경우죠. 예를 들어 어떤 학생이 수학 시험을 100점 맞기 위해서 영어공부를 열심히 했다고 가정해봅시다. 실제로 이런 친구야 없겠지만, 정말 바보짓이 아닐 수 없습니다. 왜냐하면 영어공부라는 수단은 수학 시험 100점이라는 목적을 달성하는 데 아무짝에도 쓸모없기 때문이지요. 즉 수단이 잘못된 것입니다. 둘째는 법적, 도덕적으로 정당하지 못한 경우입니다. 유나바머의 사례는 두 번째에 해당한다고 볼 수 있습니다.

그런데 도덕적으로 정당하지 못한 수단은 언제나 비난받아야 할까요? 안중근 의사를 한번 생각해봅시다. 그는 일제강점기 조국의 광복이라는 숭고한 목적을 위해 이토 히로부미에게 총탄을 날렸습니다. 이를 두고 중국인들은 10억 중국인이 해내지 못한 일을 안중근이 해냈다고까지 말하기도 했지요. 우리 대한민국 사람이라면 누구나 안중근 의사를 자랑스러워할 것입니다. 그러나 달리 생각해보면, 안중근 의사는 목적을 달성하기 위해 타인의 생명을 빼앗는 수단을 선택했습니다.

또 다른 인물로 오늘날 흑인 인권운동의 상징적 인물인 로자 파크스(Rosa Parks) 여사의 이야기를 해볼까요? 그녀는 1955년 12월 1일, 앨라배마 주 몽고메리에서 백인 승객에게 자리를 양보하라는 법으로 규정된 버스 운전사의 지시를 거부하였고, 결국 이것 때문에 경찰에 체포되었습니다. 이 사건은 382일 동안 계속된 몽고메리 버스 승차 거부운동으로 이어졌지요.

이 운동은 아프리카계 미국인 인권 운동이 확산되는 데 중요한 역할을 했습니다. 로자 파크스 역시 인권이라는 숭고한 목적을 위해 그 당시 법으로 규정된 지시를 따르지 않았습니다. 쉽게 말해 법을 어긴 거죠.

숭고한 목적을 위해 비도덕적인 수단이 정당화되려면 여러 가지 사항들을 고려해야 할 것입니다. 일단 목적이 시급하고, 중요해야 합니다. 즉 지금 당장 어떤 수단을 선택하지 않으면 더 큰 악이 예상될 경우입니다. 만약 안중근 의사가 당시 이토 히로부미를 암살하지 않았다면 더 많은 무고한 조선인들이 희생되었을 것입니다.

둘째는 선택 가능한 다른 수단이 없어야 합니다. 충분히 다른 도덕적 수단이 있음에도 불구하고 굳이 비도덕적인 수단을 선택했다면 그것은 비난받아야 마땅합니다.

셋째는 목적 달성에 꼭 필요한 수단인지 생각해야 합니다. 목적 달성에 별 도움도 되지도 않는 비도덕적인 수단이라면 정당화되기 어렵습니다.

마지막으로 행위 당사자는 그 행위에 대한 도덕적 책임과 처벌을 감수해야 합니다. 이는 처벌을 감수하고라도 숭고한 목적을 이루고자 하는 자기희생의 의미가 들어 있다고 할 것입니다.

## 숭고한 명분만 앞세울 때의 위험천만함

위와 같은 논의에도 불구하고 여전히 의문은 남습니다. 그럼 위의 몇 가지 기준에만 부합한다면 어떤 수단이든 상관없을까요? 예컨 대 가망 없는 불치병에 걸린 한 사람이 있다고 생각해봅시다. 어차 피 이 사람은 1달 후면 죽을 운명입니다. 그런데 만약 지금 이 사람 을 죽여서 장기를 기증한다면 7명의 생명을 살릴 수 있습니다. 앞 을 볼 수 없는 중학생, 심장이 좋지 않은 아기 엄마, 신장이 좋지 않 아 매일 투석을 받아야 하는 초등학생 등에게 새로운 인생을 줄 수 있는 것입니다.

아무리 치료를 해도 소용이 없는 불치병에 걸렸다고 해도 한 사 람을 죽여서 7명의 생명을 살리는 게 과연 정당할까요? 시급하고 무엇보다 다른 수단이 없다는 관점에서 본다면 정당화될 수 있을 것 같기도 합니다. 그럼에도 불구하고 선뜻 '그렇다'고 답할 수 있는 사람은 거의 없을 것입니다.[2]

이에 대해 독일의 철학자 칸트도 부정적인 입장을 취합니다. 행 위의 정당성을 판단하는 건 목적이 아니라 행위 자체라는 것이죠. 따라서 아무리 목적이 숭고해도 행위 자체가 비도덕적이라면 해서 는 안 된다는 것입니다. 인간은 결코 어떤 목적을 위한 수단으로 대 우받아서는 안 되니까요.

덧붙여 또 한 가지 문제가 있습니다. 목적이라는 게 겉으로 잘 드

........................
2. 이와 비슷한 딜레마에 대한 논의는 최훈, 《라플라스의 악마, 철학을 묻다》, 뿌리와이파리, 2016 참고

러나지 않는다는 점입니다. 한 사람이 어떤 행위를 할 때 그 행위의 목적이 무엇인지 다른 사람들은 볼 수 없습니다. 보이는 것은 오로지 결과뿐이죠. 그래서 사람들은 대부분 어떤 행위의 의도나 목적보다는 드러난 결과로 판단하기 쉽습니다. 로자 파크스 여사가 백인 승객에 대한 자리양보를 거부했을 때, 흑인 인권이라는 가치보다 단지 자신의 편의만을 생각했다고 본 사람도 있지 않을까요?(물론 로자 파크스 여사는 그 이후 자신의 삶을 통해 그 숭고한 목적을 증명했습니다). 그렇기 때문에 우리는 숭고한 목적이라는 행위 이면의 가치를 스스로 어떻게 증명할지에 대해서도 고민해야 합니다.

마지막으로 숭고한 목적이라는 게 과연 무엇인지에 대해서도 생각해볼 필요가 있습니다. 나 자신이 숭고하다고 판단했다고 해서 무조건 가치 있는 것이 될 순 없습니다. 게임에서 레벨을 높이는 것이 나에게 아무리 중요해도 숭고한 목적이 될 순 없는 것처럼 말이죠. 일반적으로 많은 사람들에게 숭고하다고 받아들여질 수 있어야 할 것입니다.

그것은 성급하게 판단할 문제가 아니라 오랜 시간 공부하고, 숙고해나가야 할 문제입니다. 안중근 의사나 로자 파크스 여사는 그 목적을 찾기 위해 평생을 고민해왔던 사람들입니다. 이 목적을 위해 자신의 삶을 송두리째 희생해도 과연 후회가 없을지에 대해 누구보다 치열하게 고민을 했을 것입니다. 더욱이 그 목적을 달성하는 과정에서 누군가에게 피해를 줄 수밖에 없다면 더욱더 신중해질 수밖에 없습니다.

진지한 반성과 고민 없이 판단하고 선택할 때, 그것이 인류에게 어떤 재앙을 가져오는지 우리는 잘 알고 있습니다. 종교전쟁은 인류 역사상 가장 잔혹했던 전쟁의 하나로 꼽힙니다. 신의 뜻이라는 명분 앞에 죄 없는 수많은 사람들이 희생당했죠. 이때 신이 부여한 숭고한 목적은 인간 스스로 고민하고 결정한 것이 아니었습니다. 국가나 민족, 교회에 의해 강제된 것이었죠. 개인들은 이에 대해 감히 판단할 자유조차 없었습니다.

나치가 주도한 인종 청소 역시 마찬가지입니다. 강한 독일은 국가가 내세웠던 숭고한 목적이었고, 유대인은 이 숭고한 목적을 달성하는 데 반드시 사라져야 할 존재였을 뿐입니다. 제아무리 위대한 가치를 앞세운 명분이라도 맹목적 추종은 재앙을 불러올 뿐입니다. 이제 우리도 명분 뒤에 숨어서 책임을 회피하는 대신에 명분이 내세우는 가치에 대해 고민해보는 용기가 필요하지 않을까요?

아무리 숭고한 목적도 부도덕한 행위의 무조건적 면죄부가 될 순 없다는 이야기를 했습니다. 이제 다음 질문에 대해 자유롭게 생각해보고, 친구들과 함께 서로의 생각을 나누며 토론해보는 시간을 가져보면 어떨까요? 답이 정해진 질문이 아니므로 자유롭게 생각하고 마음껏 토론해보세요.

1. 다음 윤리적 문제에 대해 목적과 수단을 나누어봅시다.

1) 사형제도
    목적:
    수단:

2) 안락사 문제
    목적:
    수단:

2. 위 두 가지 경우에 수단은 정당한지 자신의 주장과 이유를 생각해보세요.

3. 지금 이 순간 자신이 가장 가치 있게 생각하는 삶의 목적은 무엇인가요?
   그 목적을 달성하기 위해 어떤 수단들이 필요한지 생각해봅시다.

난 바람피워도
넌 바람피우지 마~

급식 시간에 친구가 내 앞으로 잽싸게 끼어들어 새치기했다고 가정해볼까요? 언짢은 마음에 "야, 이런 식으로 새치기를 하면 다른 친구들이 피해를 보잖니!"라고 했더니, 그 친구가 이렇게 대답했다고 합시다. "그게 뭔 상관? 난 빨리 먹고 축구하러 가야 해!"

만약 이런 일이 실제로 벌어졌다면 기분이 어떨까요? 아마도 매우 불쾌할 것입니다. 어쩌면 주먹다짐까지 벌어졌을지도 모르겠습니다. 왜냐하면 그 친구는 오직 자신의 이익을 위해 타인의 이익을 완전히 무시해버렸으니까요.

이기적이라는 것은 모든 일에 있어 자신의 이익을 최우선으로 생각한다는 말입니다. 그래서인지 이기적이라는 말은 주로 부정적인 의미로 사용되곤 하죠. 누군가에게 "넌 정말 이기적이야!"라는 말을 들었을 때 어떤 기분이 들지 한번 상상해보세요.

## 이기적 유전자의 힘 VS 공동체의 이익을 위한 선택

앞에서 보았듯이 보통 이기적인 사람은 다른 사람의 이익은 무시한 채 오로지 자신의 이익만을 추구합니다. 이기적인 사람이 가까이 있으면 주위 사람들은 피해를 볼 확률이 높습니다. 그래서 사람들은 이기적인 사람과 되도록 가까이하지 않으려 합니다. 그리고 공동체에서는 자신밖에 모르는 이기적인 사람이 생겨나지 않도록 많은 노력을 기울입니다. 교육 또한 그러한 노력의 하나일 것입니다. 그래서 우리도 학교에서 이기적인 사람이 되지 않도록 어릴 때부터 많은 교육을 받습니다.

그러나 이기적인 게 반드시 나쁜 것일까요? 반드시 그런 건 아닌 것 같습니다. 실제로 이 질문에 대해서는 다양한 견해들이 존재합니다. 먼저 모든 인간은 필연적으로 이기적인 존재가 될 수밖에 없다고 주장하는 사람들이 있습니다. 《이기적 유전자》를 집필한 생물학자인 리처드 도킨스(Richard Dawkins)는 인간 개체는 자신의 유전자를 후대에 전달하기 위한 도구에 불과하다고 주장합니다. 인간 개체가 하는 모든 행동이나 판단은 자신의 유전자를 가장 잘 전달하기 위해 진화되었을 뿐이라는 것입니다. 즉 우리는 무의식적으로 종의 이익을 위해 행동할 수밖에 없다는 거죠.

또 이기적으로 행동하는 것이야말로 윤리적이라고 주장하는 이들도 있습니다. 이들은 인간이 만들어낸 윤리, 도덕, 문화 등은 자기 이익을 가장 효과적으로 추구하기 위해 고안된 도구일 뿐이라고 생각합니다. 말하자면 마치 겉으로는 타인을 배려하는 것처럼 보일

지라도, 실은 자기 실속이나 이익을 위한 것일 뿐이라는 거죠. 우리가 법을 지키는 이유는 공동체의 이익을 위한 것이 아니라 나 자신의 안전을 지키기 위한 어쩔 수 없는 선택인 것처럼 말입니다. 그들은 어려운 사람들에게 기부를 하는 이유 역시 그런 행위를 통해 타인에게 좋은 평판을 받기 위해서라고 주장합니다. 이들의 주장을 요약해보면 '이기적 = 도덕적'이라고 볼 수 있습니다.

우리 삶의 궁극적인 목적은 자신의 행복입니다. 만약 내 이익을 위해 타인의 이익이나 권리를 마구 침해한다면 단기적으로는 나에게 이로울지 모릅니다. 그러나 타인에게 나쁜 평판을 받거나 그러한 나쁜 이미지가 굳어진다면 결국 자신에게 피해가 돌아올 수밖에 없습니다. 그렇게 되면 주변 사람들에게 어떤 도움도 받을 수 없게 될 테니까요.

예를 들어볼까요? 용돈이 떨어진 어떤 학생이 힘을 앞세워 반 아이들에게 으름장을 놓고 돈을 빼앗았습니다. 그 학생은 그날 뺏은 돈으로 맛있는 것도 사먹고, PC방에 가서 게임도 실컷 했습니다. 아마 그 하루는 행복하게 보냈을지 모릅니다. 하지만 다음날이 되면 이야기가 달라집니다. 학생부에 가서 진술서를 쓰고 징계를 받아야 합니다. 그 과정에서 교사와 부모님에게 호된 야단도 맞을 게 분명합니다. 학생생활기록부에는 학교폭력 사실이 기록되어 상급 학교 진학에도 문제가 생기겠지요. 반 친구들도 더 이상 가까이 다가오려 하지 않을 것이고, 자신의 고민을 털어놓을 친구도 없어질 것입니다.

플라톤(Platōn)의 《대화편》에 보면 기게스의 반지에 관련된 일화가 나옵니다. 기게스라는 사람은 우연히 신비한 능력이 있는 반지를 손에 넣게 됩니다. 이 반지는 손가락에 끼고 돌리면 투명인간이 되는 아주 신비한 반지입니다. 이 반지를 낀 상태에서는 어떤 행동을 해도 다른 사람들이 알지 못합니다. 그렇다면 여러분들은 이 반지를 끼고 타인의 이익을 위해 행동할까요? 아니면 오직 여러분 자신의 이익을 위해 행동할까요? 만약 이 질문에 쉽게 답할 수 없다면 누구나 이기주의자가 될 가능성이 있는 것입니다.

## 진정한 이기주의자가 되는 것의 딜레마

몇 년 전 꽤 유행한 노래에 이런 가사가 있었습니다. "내가 바람 펴도 너는 절대 피지 마 Baby~" 참으로 뻔뻔하고 당당한 자기중심적인 요구에 헛웃음이 나오면서도, 한편으론 스스로는 이기적이면서도 남은 그렇지 않기를 바라는 인간의 심리를 고스란히 대변해준 것 같습니다.

그렇습니다. 사람들은 자신은 비록 이기적으로 행동해도 타인은 이타적으로 행동해주기를 기대하는 경향이 있습니다. 바로 여기에 딜레마가 있습니다. 이기적으로 행동하는 것이 비록 잘못은 아니라고 해도 이 세상 모든 사람들이 이기적으로 생각하고 행동한다면 어떻게 될까요? 이 질문에 대답하기 전에 '죄수의 딜레마'에 대해 살펴보려 합니다. 여기 범죄를 저지른 2명의 용의자가 있습니다. 이들에게는 아직 확실한 범죄 증거가 없는 상황입니다. 이에 담당

검사는 두 용의자에게 다음과 같은 제안을 합니다.

지금부터 두 사람은 서로 격리된 방에서 심문을 받게 될 것입니다. 만약 두 사람 다 순순히 범행을 자백한다면 비교적 가벼운 형벌인 징역 3년을 줄 겁니다. 그런데 한 사람은 자백을 하고 다른 한 사람은 자백을 하지 않는다면 자백한 사람은 정직에 대한 보상으로 그냥 풀어드릴 겁니다. 하지만 자백하지 않은 사람에게는 무기징역이 구형될 겁니다. 그리고 둘 다 자백을 하지 않는다면 사소한 잘못을 걸어 양쪽 모두 징역 3개월을 구형하도록 할 것입니다.

| 구분 | | 용의자 2 | |
|---|---|---|---|
| | | 범죄를 부인 | 범죄를 자백 |
| 용의자 1 | 범죄를 부인 | 둘 다 3개월 형 | 용의자 1: 무기징역<br>용의자 2: 석방 |
| | 범죄를 자백 | 용의자 1: 석방<br>용의자 2: 무기징역 | 둘 다 3년 형 |

만약 여러분이 용의자 중 한 명이라면 어떤 선택을 하겠습니까? 자백을 할 경우 결과는 그냥 풀려나거나, 그 친구도 같이 자백한 경우 징역 3년을 받게 됩니다. 만약 자백을 하지 않는다면 무기징역이 되거나, 그 친구도 자백을 하지 않으면 징역 3개월을 받게 되겠

죠. 이런 상황에서 자기 이익을 위한 합리적인 선택은 자백을 하는 것입니다. 왜냐하면 최소한 무기 징역은 면할 수 있을 뿐더러 운이 좋으면 그냥 풀려날 수도 있으니까요. 하지만 두 사람 모두에게 최선의 선택은 서로 자백을 하지 않는 것입니다. 그래야 두 사람 모두 가벼운 형벌로 죗값을 치를 수 있으니까요.

하지만 재미있는 것은 서로 간에 협력이 불가능한 상태에서 각자 자기 이익만을 위해 내린 선택은 결국 자기 자신에게 피해를 준다는 점입니다. 즉 둘 다 자백을 하지 않는다면 각각 징역 3개월의 형만 받으면 되는데, 둘 다 자백을 함으로써 징역 3년을 구형받게 되는 셈이니까요.

이처럼 진정한 이기주의자로 산다는 것은 생각처럼 쉬운 문제가 아닙니다. 진짜 나의 이익이 무엇인지, 이 행동이 과연 장기적으로 이익이 되는지 고민해봐야 하니까요. 지금 이 책을 읽는 여러분은 이 시간이 정말 스스로에게 이익이 된다고 확신하나요?

**넌 어떻게 생각하니?**

우리는 이기적으로 행동하는 사람을 싫어합니다. 하지만 우리 자신은 때때로 어쩌면 자주 이기적인 선택을 하곤 하지요. 다음 질문에 대해 자유롭게 생각해보고, 친구들과 함께 서로의 생각을 나누며 토론해보는 시간을 가져보면 어떨까요? 답이 정해진 질문이 아니므로 자유롭게 생각하고 마음껏 토론해보세요.

1. 스스로 도덕적으로 사는 것이 장기적으로 자기 자신에게 이익이 될까요?

2. 만약 여러분에게 기게스의 반지가 주어진다면 이타적으로 살아야 할 이
   유가 있을까요?

네가 진짜로
원하는 게 뭐야!

여러분은 혹시 운명을 믿나요? 〈마이너리티 리포트(2002)〉
라는 영화를 보면, 어떤 예언가가 미래에 일어날 범죄를 예언하는
장면이 나옵니다. 그러면 경찰들은 범죄가 일어나기도 전에 미래에
범죄자가 될 운명의 사람을 미리 체포해버리죠. 다시 말해 그는 아
직 아무런 범죄도 저지르지 않았지만, 운명 때문에 처벌을 받는 것
입니다.

자신이 저지른 죄에 대한 대가로 처벌을 받는 것은 당연합니다.
그런데 만약, 그 사람이 태어날 때부터 미래에 범죄를 저지르도록
결정되어 있다면 어떨까요? 현재 자신의 의지와는 무관하게 미래
에 범죄자가 될 수밖에 없는 운명이라면 말이죠. 당장 처벌하는 것
이 과연 옳을까요? 아니면 실제로 범죄를 저지를 때까지 유보해야
할까요? 과거 골상학이라는 학문에서는 사람의 두개골 모양이 그
사람의 심성을 결정한다고 주장하기도 했습니다.

## 운명은 결정되는 것인가, 선택하는 것인가?

위의 이야기들은 운명론에 기반하고 있습니다. 운명론은 태어나면서부터 죽을 때까지의 모든 삶이 미리 결정되어 있다고 말합니다. 타로카드나 점쟁이의 점괘 결과를 신뢰하는 사람들은 부분적으로 이 운명론을 믿는다고 볼 수 있지요. 운명론에 따르면 우리에게 자유라는 것은 존재할 수 없습니다. 미리 치밀하게 결정된 계획 속에 자유가 비집고 들어갈 공간은 없으니까요. 그러면 사람들은 삶에 대해 고민할 필요도, 노력할 필요도 없습니다. 굳이 노력하지 않아도 결국 운명대로 흘러갈 테니까요.

그런데 문제는 운명이 결정되어 있는지 여부를 결코 알 수 없다는 데 있습니다. 설사 운명이 결정되어 있다고 해도 신이 아닌 이상 어떤 운명인지 알아내는 건 불가능합니다. 그래서 뭔가 자기 생각대로 되지 않을 때 운명만 탓하며 좌절하는 사람들을 보면 한심하다는 생각이 들기도 합니다. 알 수 없는 것에 매달리기보다는 차라리 운명은 스스로 만들어간다는 생각을 하는 편이 훨씬 생산적이고 합리적인 선택일 것입니다. 우리는 자신의 운명을 스스로 선택할 수 있는 능력을 자유라고 부릅니다.

일반적으로 사람들은 우리 인간이 자유로운 존재라고 생각합니다. 적어도 자신의 의지대로 행동할 수 있는 능력은 가지고 있으니까요. 필자 역시 내 의지로 이 글을 쓰고 있습니다. 그리고 지금 이 책을 읽고 있는 여러분도 언제든 원하면 책을 덮어버리고 다른 일을 할 수 있습니다.

그러나 곰곰이 생각해보면, 전적으로 자유로운 삶을 사는 인간은 거의 없다는 걸 알게 됩니다. 학생들은 매일 학교에 가야만 하고, 학교에 가면 교칙을 지켜야 합니다. 학교를 졸업하고 사회로 나오더라도 법과 도덕의 테두리 안에서 생활해야 하니 완벽하게 자유롭다고 할 순 없습니다. 그리고 공동체에서 살아가는 한, 끊임없이 타인의 눈을 의식할 수밖에 없습니다. 그렇게 본다면 어디를 가든 무엇을 하든 결국 부처님 손바닥 안인 것입니다.

## 인간의 자유의지를 제한하는 것들

모든 인간은 자신의 의지와 상관없이 특정한 국가와 가정환경, 지능과 재능, 신체적 능력 등이 어느 정도는 결정되어 태어납니다. 우리가 대한민국에 태어난 것은 우리의 의지와 무관합니다. 그리고 각자의 타고난 재능이나 신체적 능력 역시 의지 밖의 일이죠. 누군가는 노력으로 타고난 재능을 극복할 수 있다고 주장할지 모르지만, 안타깝게도 분명 한계가 있습니다. 사실 필자의 어릴 적 꿈은 축구선수였습니다. 그러나 아무리 노력을 했더라도 세계적인 축구선수는 고사하고, 아마 경기에 나가 제대로 뛰지도 못했을 것입니다. 왜냐하면 솔직히 재능이 전혀 없었으니까요.

우리의 자유를 제한하는 것 중에는 욕구도 있습니다. 이에 대해 의문을 갖는 사람들도 있을지 모릅니다. 내 욕구에 따라 살아가는 것은 자유로운 것 아닌가? 자고 싶을 때 자고, 먹고 싶은 것을 마음껏 먹는 것을 자유라고 생각할 수도 있지요. 그러나 조금만 더 생각해보면 심각한 문제가 있다는 걸 알 수 있습니다. 예를 들어, 당장 내일 중요한 시험을 앞두고 있는 학생을 생각해볼까요? 이 학생은 지금 열심히 시험공부를 해야 하지만, 컴퓨터 게임이 너무 하고 싶었죠. 결국 이 학생은 욕구를 이기지 못하고 시험공부를 미뤄둔 채 컴퓨터 게임을 선택했습니다. 물론 시험은 망쳤고, 원하던 성적도 얻지 못했습니다. 이 학생의 선택은 과연 자유로운 선택이었을까요? 이 학생은 정말로 이러한 결과를 원했던 걸까요?

우리는 태어나는 그 순간 누군가의 자식이자 국민으로서의 지위를 가집니다. 그리고 살아가면서 학생, 부모, 동아리 회원, 아내, 남편 등과 같은 역할을 더 갖게 되지요. 그리고 이러한 역할에는 반드시 일정한 책임과 의무가 따르게 됩니다. 이렇게 본다면 무인도에 살지 않는 이상 인간은 결코 완벽하게 자유로운 존재일 순 없을 것 같습니다. 그럼 우리는 영원히 자유를 억압당한 채 살아가야 할까요?

## 자유를 포기함으로써 얻는 더 가치 있는 것들

물론 그렇지 않습니다. 우리가 자유를 포기하는 것은 더 높은 가치를 위해서입니다. 컴퓨터 게임을 할 자유를 포기하는 것은 시험을 잘 쳐서 내가 바라는 더 큰 목표를 이루기 위함이 아닐까요? 그것이 나에게 더욱 가치 있는 일이기에 자유를 기꺼이 포기할 수 있는 것입니다. 이것은 더 높은 차원의 자유를 향한 길이기도 합니다. 물론 아무런 이유 없이 누군가 나의 자유를 무조건 억압하려 한다면 마땅히 이에 저항해야 할 것입니다. 인류의 역사 속에서 이러한 저항은 끊임없이 이어져왔습니다.

그렇다면 우리가 추구해야 할 자유의 모습은 어떠해야 할까요? 영국의 정치 사상가 이사야 벌린(Isaiah Berlin)은 자유를 소극적 자유와 적극적 자유로 구분했습니다. 소극적 자유는 외적 강압이 없는 상태입니다. 자신의 생각이나 의지대로 행동할 수 있는 자유를 말하죠. 소극적 자유만으로는 인간다운 삶을 실현하기 어렵습니다.

세계 곳곳에서 고통받고 있는 기아와 난민들을 생각해보세요. 그들은 자신들이 원하는 삶을 살지 못하고 있습니다. 생존 자체도 보장받지 못하는 그들에게 자신들의 꿈을 실현할 자유는 애초에 존재하지도 않습니다. 꿈조차 가질 수 없는 그들에게 자유라는 것이 과연 어떤 의미가 있을까요?

그래서 벌린은 적극적 자유를 주장한 것입니다. 적극적 자유는 자아실현을 위한 자유입니다. 이는 인간다움의 실현이며, 자신이 진정으로 원하는 삶을 위해 필요한 자유라고 할 수 있습니다. 이를 위해 우리는 자신이 원하는 꿈을 선택하고 노력할 자유, 양심에 따라 행동할 자유, 행복을 추구할 자유, 부정의한 일을 비판할 수 있는 자유 등이 필요합니다. 이러한 자유는 개인적 능력을 넘어 사회적 지원이 필수적입니다. 그렇기 때문에 현대 자유주의 국가들은 국민들의 복지를 위해 노력하고 있는 것입니다.

이러한 관점에서 살펴본다면, 범죄자가 자신이 저지른 죄로 인해 교도소에 갇혀 있는 것은 자유의 제약이라고 볼 수 없습니다. 왜냐하면 자신이 저지른 죄에 대해 마땅히 져야 할 책임을 지는 행위로

보는 편이 더 타당하니까요. 이것이야말로 인간다움에 꼭 필요한 것입니다. 철학자 칸트는 이를 자율이라고 하였습니다. 자율이란 스스로 도덕적 원칙을 정하고 이를 따를 수 있는 능력을 말합니다. 이는 인간이 추구해야 할 높은 차원의 자유라고 할 수 있습니다. 하지만 그 범죄자가 이를 제대로 이해하지 못한다면 단순히 자유를 제약당하고 있다며 불평할 것입니다.

그래서 진정으로 자유로운 인간이 되기 위해 무엇보다 필요한 것은 앎입니다. 자신이 진정 가치 있다고 생각하는 삶이 무엇인지 알아야 합니다. 또한 우리 사회와 국가에 대해서도 알아야 합니다. 수많은 관계 속에서 자신이 추구해야 할 삶의 모습이 무엇인지 알고 있을 때 진정한 자유를 누릴 수 있습니다. 고대 그리스의 스토아학파는 이성을 통해 진리를 파악함으로써 진정으로 자유로운 존재가 될 수 있다고 했습니다.

단지 부모님이 하라고 해서 마지못해 공부를 하는 것은 자유를 억압당하는 것입니다. 하지만 내 자신의 필요에 의해 스스로 선택해서 공부를 하는 것은 분명 자유의지입니다. 바로 이 차이를 깨닫는 것이 중요합니다.

두 번째로는, 도덕성이 갖춰져야 합니다. 영국의 철학자 밀(John Stuart Mill)은 《자유론》에서 해악금지의 원칙을 말했습니다. 쉽게 말해 타인의 자유를 침해하지 않는 범위 내에서 자유를 누릴 수 있다는 거죠. 이를 위해 우리는 타인의 감정을 고려하고, 다른 사람의 입장에서 생각할 줄 알아야 합니다. 신적인 자유는 인간이 누릴 수

있는 게 아닙니다. 우리가 자유의 한계를 명확히 인식할 때 비로소
진정으로 자유로운 존재가 되지 않을까요?

인간은 과연 자유로운 존재인지, 또 진정한 자유란 무엇인지에
관해 이야기해보았습니다. 다음 질문에 대해 자유롭게 생각해
보고, 친구들과 함께 서로의 생각을 나누며 토론해보는 시간을
가져보면 어떨까요? 답이 정해진 질문이 아니므로 자유롭게 생
각하고 마음껏 토론해보세요.

1. 양심적 병역거부란 종교적 신념이나 개인의 양심에 의해 병역 및 전투
   업무를 거부하는 행위를 말합니다. 우리나라는 헌법에 양심의 자유를
   보장하고 있으면서 병역의 의무도 규정해놓고 있죠. 국가는 개인의 양
   심의 자유를 존중해주어야 할까요? 이에 대한 자신의 입장과 이유를 생
   각해봅시다.

2. 혹시 부당하게 자유를 제약 당했던 경험이 있나요? 그렇다면 그 경험과 부
   당하다고 여긴 이유 그리고 이를 극복하기 위한 대안을 생각해봅시다.

| 자유를 제약 당했던 경험 | |
| --- | --- |
| 부당하다고 생각했던 이유 | |
| 이를 극복하기 위한 대안 | |

자꾸만 따라오는…
누구냐 넌!

인간이 이뤄낸 과학기술의 발전은 눈이 부실 정도입니다. 그리고 그 정점에 인공지능이 존재한다고 해도 과언이 아닐 것입니다. 인간은 점점 더 인간에 가까운 인공지능을 개발하는 데 몰두하고 있는데, 이미 상당한 수준에 이르렀음이 조금씩 드러나고 있습니다. 심지어 인간을 위협할 수 있는 인공지능의 등장 가능성도 그리 허무맹랑하게 들리지 않을 정도입니다. 인간은 왜 자신보다 뛰어난, 심지어 자신을 위협할 수도 있는 존재를 만들어내는 데 열을 올리는 걸까요?

얼마 전, 인간과 인공지능의 대결을 소재로 한 다큐멘터리가 화제가 되었습니다. 인간과 인공지능의 대결 역사는 우리의 생각보다 오래되었습니다. 1956년에 마빈 민스키(Marvin Lee Minsky) 교수에 의해 처음 인공지능(AI)이라는 말이 등장한 이후로, 인간과 인공지능의 대결은 인류의 주요 관심사 중 하나였지요.

처음 인공지능이라는 말이 등장했을 때만 해도 그저 사람이 시키는 일이나 잘 해내는 단순한 기계 정도로 여겨졌습니다. 인공지능이 감히 인간과 대등하거나 월등한 지능을 가질 수 있게 될 거라는 생각은 아예 하지 않았던 거죠.

## 무섭게 성장한 인공지능, 인간을 압도하기 시작하다

얼마 지나지 않아 이러한 생각은 무너지기 시작했습니다. 1997년 IBM에서 개발한 AI 딥블루는 체스 세계챔피언을 이겼습니다. 그리고 2016년에는 딥마인드의 알파고가 이세돌 9단과 바둑대결을 벌이게 되었죠. 처음 이 세기의 대결이 성사되었다는 보도가 나올 때만 해도, 계산 중심으로 수를 읽는 알파고는 기껏해야 아마추어 고수 정도일 거라는 예측과 함께, 비록 체스에서는 인간이 패배했지만, 체스보다 경우의 수가 엄청나게 많고 수읽기가 복잡한 바둑에서 감히 기계 따위가 세계 최고의 프로 기사와 맞바둑을 두어 이길 재간은 없을 거라는 보도가 쏟아졌습니다.

하지만 결과는 다들 잘 알고 있듯이, 딥마인드의 알파고가 4승 1패로 승리했습니다. 시행착오를 통해 스스로 학습이 가능한 딥러닝 기술은 당시 많은 사람들을 깜짝 놀라게 했습니다. 복잡한 계산이나 추론 능력은 인공지능이 인간보다 한 수 위라는 사실을 인정할 수밖에 없게 된 거죠.

그런데 얼마 전 방영되었던 인공지능과 인간의 대결은 또 다른 충격을 던져주었습니다. 왜냐하면 그 대결의 소재가 미술, 음악, 호감도의 영역이었기 때문이죠. 대결에 참여했던 참가자들은 얼굴이 보이지 않는 상태에서 인공지능과 대화를 시도했습니다. 그리고 대화에 참가한 여성이 누구에게 더 호감도를 느끼는지 알아보았죠. 놀랍게도 결과는 막상막하였습니다. 미술, 음악과 같은 예술 분야에서도 마찬가지였습니다.

심지어 인공지능 컴퓨터가 그린 그림과 실제 예술가가 그린 그림은 둘 다 감상자들에게 비슷한 감동을 주는 것으로 나타났습니다. 재즈 전문가들조차 인공지능이 연주한 즉흥 연주와 실제 재즈 연주자들이 연주한 즉흥 연주를 구분해내지 못했습니다.

지금까지 예술적 창조 능력만큼은 오직 우리 인간만의 영역이라고 생각해왔습니다. 아름다움을 창조하고 느끼는 것은 인간만이 가진 가장 수준 높은 능력 중 하나라고 굳게 믿어온 거죠. 그런데 이러한 신념마저 점점 무너지고 있습니다. 미래학자이자 인공지능 연구가인 레이 커즈와일(Ray Kurzweil)은 2029년이면 의식을 가진 인공지능이 만들어지고, 2045년 무렵에는 인간의 지능을 넘어설 것이라고 예측했습니다.[3]

### 인간은 왜 인공지능 연구에 몰두하는가?

여기서 궁금증이 들 것입니다. 인간이 인공지능 연구에 몰두하고 있는 이유는 무엇일까요? 왜 굳이 자신보다 뛰어난 존재를 만들어

----
3. 이 내용에 대한 자세한 논의는 레이 커즈와일, 윤영삼 옮김, 《마음의 탄생》, 크레센도, 2016 참고

# 인간인 듯 # 인간 아닌_ # 인간 같은 너_ 는 누구냐!! # 너도_ 인간이니?

내는 데 열을 올리는 걸까요? 아마도 인간의 좀 더 편리한 삶과 행복을 위해서일 것입니다. 과거 인간이 해왔던 위험하고 힘든 일들은 앞으로 인공지능이 대신하게 될 것입니다. 대표적으로 재난 지역이나 방사능처럼 위험한 오염 지역에 들어가 구조 작업을 펼치게 될 것이고, 몸속에 침투시켜 병균을 퇴치하는 일도 더 이상 허황된 소설이 아닙니다.

인간은 어떤 상황에 처하는지에 따라 두려움을 느끼고 이로 인해 실수도 합니다. 그러나 인공지능은 그렇지 않습니다. 인간보다 훨씬 광범위한 지식과 정확한 기술을 가지고, 어떤 상황에서든 당황하지 않고 냉철하게 문제를 해결해나갈 수 있죠. 무인자동차 기술은 이미 상용화를 앞두고 있는데, 만약 무인자동차가 상용화되면 아마 고속도로에서 인간이 운전하는 것은 법적으로 금지될 확률이 높습니다. 인공지능을 탑재한 무인자동차가 훨씬 더 사고 확률이 낮기 때문이죠.

인공지능이 지금처럼 발전해나간다면 인간의 기대수명은 수십 년 이상 증가할 것이며, 더 이상 단순 육체노동이나 위험한 일들을 감당할 필요도 없을 것입니다. 그러면 인간은 훨씬 더 창조적이고 가치 있는 일에 시간을 쏟을 수 있습니다.

반면 여러 우려의 시선도 있습니다. 우선 인공지능이 인간이 하고 있는 대부분들의 일들을 처리하면서 수많은 사람들이 일자리를 잃게 될 것입니다. 30년 안에 일자리의 약 50%가 없어질 것이라는 예측까지도 나오고 있는 실정입니다. 또한 무기개발 분야에 인공지능이 이용될 경우 심각한 윤리적 문제도 제기될 수 있습니다. 이 때문에 스페이스X의 창업자인 엘론 머스크(Elon Musk)는 인공지능 연구를 가리켜 악마를 소환하는 일이라고까지 했습니다.

영화 〈터미네이터(2015)〉나 〈아이로봇(2004)〉, 〈매트릭스(1999)〉 등은 인공지능이 초래한 암울한 미래를 다루며 섬뜩함을 안겨줍니다. 실제로 2016년 MS사에서 개발한 인공지능 '테이(Tei)'가 인간과의 대화 중에 극단적인 성차별, 인종차별, 대량학살 지지 등의 발언을 하면서 문제가 된 적이 있습니다. MS사는 곧바로 이에 대해 사과했지만, 인공지능에 대한 두려움을 거두기엔 부족했지요.

만약 이러한 인공지능이 스스로 판단하여 인터넷 공간을 돌아다니고, 무기 기술을 사용하면 어떻게 될까요? 이러한 문제 때문에 최근에는 로봇윤리, 즉 인공지능에게 어떻게 윤리적인 판단 능력을 가르칠 것인가에 대한 많은 연구가 이루어지고 있습니다.

좋든 싫든 앞으로 인간은 삶의 많은 부분을 인공지능에 의존할 것입니다. 더 편하게 살고 싶어 하는 것은 인간의 오래된 욕망이니까요. 엄청난 환경 파괴를 감수하면서까지 과학기술을 이렇게 발전시켜온 것도 인간의 그러한 욕망에서 기인한 바가 크다고 할 수 있습니다. 그렇다면 지금부터 우리가 고민해야 할 중요한 질문은 인간과 인공지능의 평화로운 공존 가능성입니다. 이에 대해서는 수많은 철학적 질문이 제기될 수밖에 없습니다.[4]

........................
4. 인간과 인공지능의 평화로운 공존에 관해서는 생각연습 4의 4차 산업혁명에서 살펴볼 것이다.

## 인간과 기계 사이 논쟁의 끝에는 다시 인간이 존재

여러분에게 묻고 싶습니다. 만약 인간의 뇌를 100% 스캔하여 동일한 원리로 인공지능이 만들어진다면(미래학자 레이 커즈와일에 따르면 불과 몇 십 년 후면 가능하다고 합니다) 이를 인간과 동등한 존재로 봐야 할까요? 인간과 같이 생각하고 감정을 표현할 수 있다면 말이죠. 만약 그렇다면 우리는 인공지능 로봇에게도 윤리적 권리를 보장해주어야 할지도 모릅니다. 우리가 장애인이나 인종 차별 등에 반대하는 이유는 육체적 차이가 인간의 존엄성에 영향을 주지 않기 때문입니다. 그렇게 본다면 인간과 인공지능 역시 하드웨어적인 차이일 뿐 본질적인 차이는 없을 수도 있습니다.

그런데 인공지능 로봇도 과연 인간과 같은 윤리적 판단 능력을 갖출 수 있을까요? 올바른 윤리적 판단을 위해서는 단순한 기계적, 논리적 추론 능력만으로는 부족합니다. 구체적인 삶의 맥락을 고려하고 타인의 감정에도 진심으로 공감할 수 있어야 하지요. 이는 알고리즘적인 사고를 넘어 직관적 판단이 요구되는 부분입니다. 아픈 아기의 손을 잡아주는 부모의 모습을 떠올려볼까요? 먼저 얼마나 아픈 건지 논리적으로 판단하고 나서야 아기 손을 잡아주는 부모는 없습니다. 이 세상 대부분의 부모들은 이유와 상황을 논리적으로 판단하기에 앞서 직관적으로 아기의 아픔에 먼저 공감하니까요.

일부 학자들은 로봇은 논리적으로 문제만 없다면 언제든 아무런 죄의식 없이 그 어떤 범죄도 저지를 수 있다고 주장합니다. 그런 반면 충분한 교육만 이루어진다면 로봇 역시 인간과 같은 윤리적 판단 및 실천 능력을 갖출 수 있다고 보는 시각도 있습니다. 결국 우리는 다시 인간으로 돌아올 수밖에 없습니다. 왜냐하면 우리가 어떠한 미래를 꿈꾸느냐에 따라 인공지능의 발전 방향 또한 달라질 테니까요.

인공지능이 인간의 행복과 가치 있는 삶을 위해 어떠한 기여를 할 수 있는지 진지한 고민이 필요한 때입니다. 그리고 인공지능과 공존을 모색하는 과정 속에서도 인간만의 존재 영역을 확보해나가고 싶다면, 어떠한 노력이 필요할지에 관해서도 함께 생각해보면 좋지 않을까요?

넌 어떻게 생각하니?

인간은 인간의 편의를 위해 인공지능을 연구하고 발전시켜왔습니다. 그리고 벌써 인간의 능력을 뛰어넘어 인간의 자리까지 위협할 만큼 빠르게 성장한 인공지능과 마주하게 되었습니다. 다음 질문에 대해 자유롭게 생각해보고, 친구들과 함께 서로의 생각을 나누며 토론해보는 시간을 가져보면 어떨까요? 답이 정해진 질문이 아니므로 자유롭게 생각하고 마음껏 토론해보세요.

1. 앞으로 인간과 동등한 사고 능력과 감정을 표현할 수 있는 인공지능이 개발된다면, 그들의 권리도 보장해주어야 할까요? 예를 들어 로봇에게 해를 입힌 사람도 처벌을 해야 할까요?

2. 범죄를 저지른 인공지능 로봇에게도 인간과 동일한 재판과 처벌이 주어져야 할까요?

3. 만약 나의 뇌를 로봇에게 이식한다면 그 로봇을 여전히 나라고 볼 수 있을까요?

인간은 사회적 동물이라고 합니다. 이는 사회적 관계를 통해 존재의 가치가 증명된다는 뜻이기도 하지요. 하지만 관계란 인간 사회의 수많은 복잡한 문제들의 근원이기도 합니다. 그리고 그 문제들은 유기적으로 연결되어 오늘은 남의 문제가 내일은 나의 문제로 되돌아오기도 합니다.

**2**

생각연습
나와 타인의 관계

# 함께 살아가는
# 나와 너 그리고 우리

"누구도 본인의 동의 없이 남을 지배할 만큼 훌륭하지는 않다."
– 에이브러햄 링컨

## 넘쳐나는 서류와
## CCTV 속에 갇힌 우리들

수년 전부터 학교를 비롯하여 모든 공공기관에 CCTV가 설치되기 시작했습니다. 공공기관뿐만 아니라 길거리나 골목 요소요소마다 어렵지 않게 CCTV를 볼 수 있습니다. 이제 사고나 범죄와 같은 사건이 벌어지면 목격자나 피해자의 증언보다는 CCTV에 찍힌 영상을 더욱 신뢰하는 세상이 되었습니다.

게다가 아직까지 여러분은 제대로 체감하지 못할 수도 있지만, 우리 주변에는 온갖 종류의 복잡한 서류들이 넘쳐나고 있습니다. 예를 들어 진학이든, 취업이든, 거래든 그 어떤 일을 하건 간에 우리 사회에서 계약서나 증명서, 인증서, 자격증 등의 서류 없이 순순히 넘어가는 법이란 없습니다. 그리고 사람들은 투덜대며 그러한 서류 작업에 쏟아야 하는 시간과 에너지를 귀찮아하면서도 한편으론 당연하게 받아들이고 있습니다. 심지어 깨알 같은 서류 내용을 읽어볼 엄두가 안나 형식적으로 사인만 할 때도 있지요.

## 사람보다 서류가 더 믿음을 주는 세상

CCTV, 계약서, 중고장터 안전거래, 증명서, 자격증, 명함 등이 진짜로 의미하는 것은 무엇일까요? 바로 사람들 사이의 약속, 믿음을 담보한다는 점이지요. 예를 들어볼까요? 일반적으로 사회에서 처음 만난 사람들은 서로 명함부터 주고받습니다. 명함을 통해 서로의 신분을 확인하는 것입니다. 또한 어떤 학교를 졸업했다는 사실을 증명하려면 졸업장이 필요합니다. 운전면허 없이 운전을 하거나, 의사면허 없는 사람이 의료행위를 하면 법의 처벌을 받게 되지요. 혹시 인터넷 상에서 중고 거래를 해본 적이 있나요? 거래 하나를 위해 온갖 인증 절차를 거쳐야 한답니다.

면허를 따서 자격을 증명하거나 인증 절차를 거치는 작업 모두 상당한 시간과 노력 그리고 경제적 비용을 야기합니다. 이 모든 것들을 위해 우리 사회는 실로 엄청난 경제적 손해를 감수하고 있지요. 그런데 우리는 왜 이러한 손해를 굳이 감수하는 걸까요? 안타깝게도 그건 바로 순수하게 타인을 믿는다는 게 어렵기 때문입니다. 심지어 우리는 남을 쉽게 믿는 사람을 바보 같다고 여기기도 합니다.

그렇다면 인간은 처음부터 남을 쉽게 믿지 못하는 존재일까요? 그건 아닐 가능성이 높습니다. 혹시 주위에 3살짜리 어린아이가 있다면 한번 시험해보기 바랍니다. 이 아이들은 분명 여러분이 어떤 말을 하건 해맑게 믿어줄 테니까요.

혹시 알고 있나요? 아이들의 판타지 가득한 상상력 대부분은 어른들의 거짓말에서 비롯된다는 것을요. 어렸을 적 크리스마스에 산타할아버지를 만나기 위해 밤새도록 기다리다 잠든 경험이 있을 것입니다. 하지만 자라나면서 우리는 그것이 새빨간 거짓임을 자연스럽게 깨닫습니다. 그리고 학교, 직장, 사회에서 친구나 동료, 상사 등 남에게 속임을 당하고 상처도 적잖이 입게 될 것입니다. 이러한 경험들이 우리의 내면에 차곡차곡 쌓이다 보면 어느새 불신감도 함께 자라나게 되지요. 그 결과 이제 아무나 쉽게 믿지 못하게 되는 것입니다.

사회계약론자들에 의하면 근대 국가는 계약에 의해 성립되었다고 합니다. 즉 서로의 생명과 재산권을 지키기 위한 상호 약속의 산물인 셈이지요. 이러한 계약이 성립되려면 기본적으로 서로 간에 신뢰가 있어야 합니다. 서로가 약속을 지키지 않을 거라고 생각한다면 약속이나 계약은 의미가 사라지니까요.

서로 간의 아무런 약속도, 신뢰도 존재하지 않는 사회를 가리켜 홉스라는 철학자는 자연상태라고 표현했습니다. 홉스가 말하는 자연상태란 만인에 대한 만인의 투쟁 상태입니다. 이러한 사회의 사람들은 항상 불안합니다. 강자든, 약자든 누구도 자신의 안전을 보장할 수 없기 때문이지요. 오직 약육강식과 이기심만이 지배하게 될 뿐입니다.

신뢰가 무너진 사회에서는 불안감을 넘어 외로움과 고립감이 만연할 수밖에 없습니다. 누구에게도 자신의 진심을 제대로 털어놓을 수 없기 때문이지요. 서로 겉돌면서 형식적인 관계로만 이어지는 인간관계는 심한 피로감을 줄 수밖에 없습니다. 자신의 모습을 온전히 드러내지 못한 채 끊임없이 남과 자신을 속여야 하니까요. 타인을 믿지 못하면 인간은 서로에게 지옥이 될 수밖에 없습니다. 이 때문에 신학자이자 철학자인 마틴 부버(Martin Buber)는 인간을 '나-너'의 존재로 보았습니다. 나로 존재하려면 타인의 존재가 필수적이라는 것이지요. 이때 너라는 존재는 사물화된 대상으로서의 인간이 아니라 나와 인격적인 관계를 맺고 있는 사람을 가리킵니다. '나-너'의 관계에서 핵심은 결국 서로에 대한 신뢰인 셈이죠.

## 우리는 왜 서로를 불신하게 되었나?

그렇다면 인간 사이에 신뢰가 무너지고 있는 이유는 무엇일까요? 우선 진화된 학습 결과로 해석할 수 있습니다. 원시 시대부터 인간은 끊임없이 생존경쟁을 벌여왔습니다. 생존경쟁에서 처음 본 사람을 무조건 신뢰한다는 건 매우 위험합니다. 먼저 이 사람이 나에게 어떤 의도로 접근했는지, 혹시라도 나에게 위협이 되지는 않을지를 알아봐야 하죠. 적어도 약육강식의 시대에서는 끊임없이 타인을 의심하고 확인하던 사람이 그렇지 않은 사람보다 생존할 확률이 높았을 것입니다.

둘째, 인간이 가지고 있는 확증편향의 오류 때문입니다. 좀 어려운 표현인데, 쉽게 설명하면 자신이 보고 싶고, 알고 싶은 것만 믿는 경향을 말하지요. 우리의 삶을 돌이켜볼까요? 믿었던 타인들에게 속임을 당한 경우가 많을까요? 아니면 신뢰를 지킨 경우가 많을까요? 당연히 신뢰를 지킨 경우가 더 많습니다. 사실 기본적으로 타인을 믿는 사회이기에 안심하고 잠을 자고 공부를 하고 밖에서 밤늦게까지 맘 편히 놀 수 있는 것입니다. 즉 부모님이 나를 지켜줄 것이라는 믿음, 내 주위의 사람들이 법과 도덕을 지키기 위해 노력할 것이라는 믿음이 바탕이 되지요.

의식하지는 않지만 대부분의 사람들에 대해 기본적인 신뢰는 어느 정도 가지고 있다는 뜻입니다. 그렇기 때문에 단 한 번의 속임과 거짓에 더 크게 분노하고 실망하는 게 아닐까요? 신뢰를 깨뜨린 경험은 훨씬 더 강렬하게 인식됩니다. 그래서 우리는 타인에게 신뢰를 받았던 경험보다는 배신당했던 경험을 더욱 오래도록 선명하게 기억하는 것입니다.

셋째, 익명성 때문입니다. 교통 및 통신 수단의 발달은 시공간의 제약을 없애버렸습니다. 몇 천 킬로미터나 떨어진 곳에 있는 사람과 바로 메일을 주고받는 것은 이미 자연스러워졌지요. 직접 얼굴을 맞대지 않아도 거래를 하거나 대화를 나누는 데 전혀 지장이 없습니다. 심지어 얼굴도 모르는 사람들에게 돈을 주고 물건을 사기도 합니다.

오늘날 우리가 맺고 있는 다양한 인간관계 중에서 직접 얼굴을 맞대고 소통을 하는 경우는 사실 극히 일부에 불과합니다. 그런데 감정이나 생각은 고사하고 얼굴도 모르는 상대를 무턱대고 신뢰하기란 대단히 어려울 수밖에 없지 않을까요? 여기에 보이스피싱 같은 신종 범죄가 늘어나면서 이러한 불신감은 날이 갈수록 점점 더 커지고 있는 것 같습니다. 차라리 인공지능을 더 신뢰하는 세상이 다가오고 있는 건지도 모르겠습니다.

## 신뢰의 회복과 개인의 행복 간 상관관계는?

최근에는 신뢰를 회복하기 위한 대안으로 작은 공동체, 마을 공동체 등이 떠오르고 있습니다. 앞에서 말했듯이 공동체의 범위가 넓어지면 인간관계는 극히 형식적으로 흐를 수밖에 없습니다. 그렇기 때문에 작은 공동체를 통해 아날로그적 인간관계를 회복할 필요가 있습니다.

신뢰는 어느 한순간에 뚝딱 만들어지지 않습니다. 서로의 삶에 깊이 관여하고 이해하는 과정이 필요하지요. 신뢰가 쌓이면 어느 누구도 쉽게 타인을 비난할 수 없습니다. 왜냐하면 그 사람이 그렇게 행동할 수밖에 없었던 이유나 상황에 대해 먼저 관심을 갖게 되기 때문입니다. 뿌리가 튼튼한 나무는 바람에 쉽게 흔들리지 않듯 깊이 있는 관계를 통해 오랜 시간 공들여 쌓은 신뢰는 쉽게 무너지지 않는 것과 같은 이치일 것입니다.

하지만 수많은 국가들 간의 교류를 통해 시시각각 성장하고 있는 글로벌 시대에 아날로그적인 인간관계 회복만을 외치는 것은 극히 제한적인 대안일 뿐입니다. 결국 국가 공동체 내에서의 신뢰를 어떻게 회복할 것인가를 고민해야 합니다.

그러기 위해서는 건전한 비판정신이 필요합니다. 우리가 지금까지 이야기해온 신뢰는 무조건적인 것이 아닙니다. 의심할 때는 의심하고, 신뢰를 할 때는 신뢰할 수 있는 태도가 필요하다는 뜻이지요. 비판적 사고는 우리가 믿어야 할 것과 의심해야 할 것을 구분해주는 사고를 말합니다.

더 나아가 신뢰를 바탕으로 한 사회구조를 만들어가야 할 것입니다. 신뢰를 기반으로 한 기업이나 공동체가 더 많은 이익을 얻을 수 있다는 것도 알아야 합니다.

최근 2018 유네스코 통계에 따르면 대한민국에서 가장 부족한 것이 바로 사회적 지지라고 합니다. 바꿔 말하면 우리 사회는 전반적으로 사회적 신뢰가 부족하다는 뜻이겠지요. 그런데 이것은 결국 개인의 행복, 즉 나 자신의 행복과도 직결됩니다. 다양한 사회적 자원이 나에게 신뢰를 보내줄 때 나 역시 그 사회에 더욱 튼튼하게 뿌리를 내릴 수 있을 테니까요.

## 넌 어떻게 생각하니?

우리는 현대 사회의 무너진 신뢰가 어떤 결과를 초래하고 있는지 살펴보았습니다. 사회적 신뢰의 부족은 결국 개인의 행복에도 악영향을 미치게 됩니다. 이제 다음 질문에 대해 자유롭게 생각해보고, 친구들과 함께 서로의 생각을 나누며 토론해보는 시간을 가져보면 어떨까요? 답이 정해진 질문이 아니므로 자유롭게 생각하고 마음껏 토론해보세요.

1. 여러분은 대한민국을 얼마나 신뢰하나요? 그 이유는 무엇인가요? 〈가치 수직선 토론〉

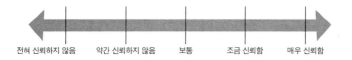

전혀 신뢰하지 않음　　약간 신뢰하지 않음　　보통　　조금 신뢰함　　매우 신뢰함

2. 내 주위 사람들 중에 나를 가장 믿는 사람과 내가 가장 믿는 사람은 누구인지 생각해보고, 왜 그렇게 생각하는지에 관해 이야기해봅시다.

약속을
안 지키면 배신일까?

조금 전 우리는 신뢰에 관해 이야기했습니다. 여러분은 신뢰하면 바로 무엇이 떠오르나요? 사람마다 여러 가지가 생각날 수 있겠지만, 아마도 대부분 '약속'이 아닐까요? 그래서 신뢰를 이야기한 김에 약속에 관해서도 함께 생각해보았으면 합니다.

셰익스피어의 희극 〈베니스의 상인〉은 약속의 의미에 관해 다시금 생각해보게 해주는 명작입니다. 바사니오는 연인 포오샤에게 청혼하러 가기 위해 돈이 필요했습니다. 그래서 친구인 안토니오를 찾아가지요. 안토니오는 우정을 걸고 바사니오에게 흔쾌히 돈을 빌려주기로 약속했지만, 실은 그 자신도 썩 좋은 형편은 아니었습니다. 그래서 아쉬운 대로 고리대금업자 샤일록에게 돈을 빌리기로 합니다.

샤일록은 평소 자신을 비난하던 안토니오가 돈을 빌리러 오자 이참에 복수를 하려고 술수를 부리게 됩니다. 돈은 빌려주되 기한 내에 갚지 못하면 안토니오의 살 1파운드를 떼어가겠다는 터무니없는 조건을 내걸었던 것입니다. 악당 같은 샤일록의 제안에 안토니오는 망설였지만, 친구 바사니오와의 우정을 위해 고민 끝에 그렇게 하겠노라며 계약서에 서명을 하게 됩니다.

안토니오의 도움으로 바사니오는 청혼에 성공하지만, 안타깝게도 안토니오는 돈을 갚지 못해 그만 파산하고 말았습니다. 안토니오는 결국 재판에 회부됩니다. 계약서대로 샤일록에게 살 1파운드를 내주어야 할 위험에 처하게 된 것입니다.

### 약속을 지키는 것은 상식. 그러나⋯

만약 여러분이 이 재판의 판사라면 어떤 판결을 내리겠습니까? 서로 간의 약속은 신뢰를 바탕으로 합니다. 상대방이 약속을 지킬 것이라는 신뢰가 없다면 약속은 무의미합니다. 만약 내가 상대방과의 약속을 계속 어긴다면 상대방도 나와는 더 이상 어떠한 약속도 하지 않으려 할 것입니다. 약속을 지키기 위해 노력하는 것은 우리 사회의 상식입니다. 그렇기 때문에 안토니오 역시 자신의 위험을 감수하면서까지 친구 바사니오에게 돈을 빌려주기로 한 약속을 지키려고 노력한 게 아닐까요?

그럼 여러분에게 했던 질문으로 다시 돌아가 봅시다. 판사는 처음의 약속대로 샤일록에게 안토니오의 살 1파운드를 떼어주도록 판결을 내려야 할까요? 쉽게 동의하기 어려운 결정입니다. 왜냐하면 샤일록과의 계약 자체가 정당한 약속이라고 보기 어려우니까

#내적 갈등_ #친구가 _남을 _해칠까 봐_ 넘나 두려워요! # 지키느냐 마느냐_ 나 자신과의_
처절한 싸움_ #친구와의 약속보다 _중요한 것

요. 샤일록은 돈이 꼭 필요한 안토니오의 절박한 처지를 이용하여 비윤리적인 약속의 이행을 강요했습니다. 돈을 갚지 못한다고 해서 신체의 일부분을 요구하는 것은 인간 존엄성에 어긋납니다. 사채업자가 채무자에게 신체포기각서를 요구하는 게 불법인 이유도 바로 이 때문입니다. 정리해보면 상대방의 어려운 처지를 악용해 윤리적으로 허용되기 힘든 약속을 강요하는 경우, 이를 꼭 지킬 필요는 없다는 뜻입니다.

플라톤의 《대화편》에 보면 다음과 같은 사례도 나옵니다. 한 친구가 무기를 나에게 맡기면서 자신이 돌려달라고 하면 반드시 돌려주기로 약속을 하였습니다. 그런데 며칠 후 나에게 무기를 다시 돌려받기 위해 온 친구를 보자 혼란스러워졌지요. 왜냐하면 그 친구는 몹시 화가 나 있으며, 나에게 무기를 돌려받는 즉시 누군가를 해칠 게 뻔했기 때문입니다. 이를 뻔히 알면서도 처음 약속대로 친구에게 무기를 돌려주어야 할까요?

난 그저 친구에게 무기를 돌려주기로 약속했을 뿐, 그로 인해 벌어질 결과까지 내가 책임을 질 필요는 없을지도 모릅니다. 애초에 약속을 하지 않을 자유도 있었지만, 우정을 위해 기꺼이 약속을 한 것입니다. 그렇기 때문에 친구와의 약속은 어떤 결과가 예상되든 지켜야 합니다. 어차피 인간은 모든 행위의 결과를 정확히 예상할 수 없습니다. 결과를 미리 예측해서 현재의 행위를 결정하는 것은 매우 위험할 수 있기 때문입니다.

## 지켜야 할 약속을 구분한다는 것

하지만 여기서 생각해볼 것이 있습니다. 약속을 지켜야 하는 이유 역시 따지고 보면 약속을 지키지 않았을 때보다 더 좋은 결과가 예상되기 때문이 아닐까요? 우리는 친구와의 약속을 성실하게 지킴으로써 서로 간에 신뢰를 쌓고 더 깊은 우정을 만들어갈 수 있습니다. 나아가 사람들이 약속을 잘 지키는 사회일수록 사회 경제적 비용도 훨씬 더 아낄 수 있지요.

그런데 만약 약속을 지킴으로써 예상되는 결과가 더 나쁠 거라고 생각된다면 심사숙고가 필요합니다. 이런 경우 우리는 두 가지로 나누어서 생각해봐야 합니다. 우선 개인적 이익에 손해가 되는 경우입니다. 이때에는 심각한 손해가 아니라면 약속을 지키는 편이 옳다고 할 수 있습니다. 자신에게 손해라며 번번이 약속을 깨는 사람을 과연 어느 누가 신뢰할 수 있을까요?

두 번째는 공공의 이익이나 심각한 윤리적 문제를 야기할 수 있는 경우입니다. 플라톤의 《대화편》에서처럼 내가 약속을 지킴으로써 누군가의 생명을 해칠 수도 있는 사례가 여기에 해당되겠지요. 이 경우에는 약속을 지키지 않아야 한다는 주장이 좀 더 힘을 얻을 수 있습니다. 왜냐하면 신뢰나 사회 경제적 이익보다는 일반적으로 생명의 가치가 훨씬 더 중요시되기 때문입니다.

결국 우리는 어떤 가치를 더욱 중요하게 생각하느냐에 관한 문제에 직면하게 됩니다. 약속을 어김으로써 상대방은 나를 이제 더 이상 믿지 않을 수도 있습니다. 어쩌면 친한 친구와 영영 멀어질 수도 있지요. 그럼에도 불구하고 그보다 훨씬 더 중요한 가치가 있다고 스스로 생각한다면 약속을 지키지 않는 편이 어쩌면 더욱 윤리적인 결정이 아닐까요?

약속을 지켜야 한다는 것은 우리가 아주 어릴 때부터 교육받아 온 규범입니다. 그리고 우리는 하루에도 몇 번씩 약속을 하고 또 지키고 있습니다. 정해진 시간에 맞춰 학교에 가고, 정해진 기한 내에 과제를 제출합니다. 친구와 만나기로 약속 날짜와 시간을 정하면 맞추려고 노력하고 또다시 주말 약속을 함께 정합니다.

이렇게 수많은 약속들을 지켜나가는 것은 일종의 습관입니다. 습관이라고 표현한 이유는 깊이 고민하지 않고 당연히 지켜야 된다고 생각하기 때문입니다. 교육학자이자 철학자인 존 듀이에 따르면 습관은 매우 중요합니다. 만약 습관이 없다면 우리는 약속 하나에도 매 순간 심사숙고를 해야 하는데, 이것은 어찌 보면 시간 낭비이자 지적 낭비가 아닐 수 없습니다.

허나 습관으로 굳어진 판단은 한편으론 언제나 위험에 노출될 수밖에 없습니다. 위에서 보듯이 약속의 내용 자체가 비윤리적이거나 심각한 위험을 초래할 수도 있으니까요. 그래서 듀이는 지성을 강조했습니다. 지성은 심사숙고를 통한 판단을 이끌어내지요. 상황과 맥락, 원인과 결과, 수단과 목적을 고려하는 것입니다. 지성을 통해 우리는 꼭 지켜야 할 약속과 그렇지 않은 약속을 구분합니다. 물론 지키기 싫은 약속과 지키지 않아야 할 약속을 구별하는 것 역시 매우 중요합니다.

인간은 시시각각 생각도 변하고 감정도 변화합니다. 약속할 당시의 나와 지금의 나는 어쩌면 아예 다른 존재가 되었을 수도 있습니다. 그럼에도 불구하고 사소한 약속이라도 지키기 위해 노력한다는 것은 실로 위대한 일입니다.

약속을 어쩔 수 없이 어길 경우에는 지킬 수 없는 데 따른 정당한 이유를 고민해야 합니다. 우리는 매순간 선택을 통해 스스로를 증명할 수밖에 없습니다. 욕구나 감정에 의해 흔들리기도 하지만, 사소한 약속이라도 기꺼이 지키기 위해 치열하게 고민하는 존재, 그것이 바로 우리 인간 아닐까요?

**넌 어떻게 생각하니?**

약속은 상호 신뢰를 위한 매우 중요한 수단이지만, 때론 악용될 위험이 있음을 이야기했습니다. 이제 다음 질문에 대해 자유롭게 생각해보고, 친구들과 함께 서로의 생각을 나누며 토론해보는 시간을 가져보면 어떨까요? 답이 정해진 질문이 아니므로 자유롭게 생각하고 마음껏 토론해보세요.

1. 당신이 샤일록 재판의 판사라면 어떤 판결을 내리겠습니까? 그리고 그러한 판결을 내린 이유는 무엇인가요?

2. 나는 친구의 비밀을 지켜주기로 약속을 했습니다. 그런데 어느 날 그 친

구가 같은 반 아이의 돈을 몰래 훔쳤다고 합니다. 그 일로 인해 우리 반의 다른 친구가 돈을 훔친 범인으로 엉뚱한 오해를 받고 있는 상황입니다. 나는 이 사실을 선생님께 알려야 할까요, 아니면 친구의 비밀을 지켜줘야 할까요?

3. 단순히 지키기 싫은 약속과 지키지 않아야 할 약속을 구분하는 기준은 무엇일까요?

## 넌 언제까지
## 구경만 할 줄 알았지?

'눈에는 눈, 이에는 이'라는 말을 들어본 적이 있을 것입니다. 이 원칙은 아주 오래 전부터 처벌의 기본 원리로 여겨져 왔습니다. 고대에는 타인에게 주었던 피해를 고스란히 돌려받는 것이야말로 공정한 처벌이라고 생각했던 거죠. 이를 응보적 처벌이라고 합니다. 즉 타인의 물건을 훔친 자는 자신의 재산을 내놓아야 하고, 타인의 신체에 위해를 가했다면 자신도 그와 똑같이 당해야 하는 것입니다.

현대에는 법이라는 기준을 통해 처벌이 이루어지는데, 그 이면에는 여전히 타인에게 준 피해만큼 합당한 처벌이 내려져야 한다는 생각이 깔려 있습니다. 그런데 종종 재벌 총수나 중범죄자들에게 내려진 사법부의 일부 판결에 대해 사람들이 비난을 쏟아내는 경우가 있습니다. 비난의 이유는 대부분 그들이 저지른 죄의 무게에 비해 훨씬 가벼운 처벌이 내려졌다는 생각 때문이지요.

## 난 개 털 끝 하나도 안 건드렸는데, 가해자라뇨?

그렇다면 이건 어떻게 생각하나요? 타인에게 직접적인 위해를 가하지 않았더라도 처벌을 받을 수 있을까요? 예를 들어 우리 반에 왕따를 당하는 친구 A가 있다고 가정해봅시다. A는 바로 내 뒷자리에 앉아 있습니다. 그래서 쉬는 시간이나 점심시간마다 아이들이 몰려와서 괴롭히는 모습을 지켜보게 됩니다. A를 괴롭히는 아이들은 전교에서도 악명이 자자한 일진들입니다.

평소 나는 A와 이야기를 나누어본 적도 없습니다. A는 종종 괴롭힘을 당하는 도중에 나를 간절한 눈길로 쳐다봅니다. 마치 도움을 바라는 것처럼 말이죠. 나 역시 이를 느끼긴 했지만, 애써 모른 척해왔습니다. 친하지도 않은 아이 때문에 내 학교생활이 꼬이는 것을 원치 않았으니까요. 그저 지금까지 그래왔던 것처럼 조용한 학교생활을 원했을 뿐입니다.

그러던 어느 날, A는 그동안 일어났던 모든 일들을 경찰에 신고했습니다. 그런데 가해자 속에는 일진 아이들뿐만 아니라, 나와 우리 반 전체가 포함되어 있었습니다. 억울했습니다. 이야기를 나눈 적도, 털끝 하나 건드린 적도 없는데 내가 가해자라뇨?

실제로 세상을 떠들썩하게 했던 사례를 하나 더 소개하려 합니다. 1964년 3월 13일 새벽 미국 뉴욕 퀸스 지역 주택가에서 제노비스라는 여성이 강도에게 살해되었습니다. 흔하디 흔한 강도 사건이 유명해진 이유는 35분간이나 진행된 살인 현장을 자기 집 창문에서 지켜본 사람들이 38명이나 되었기 때문입니다. 그런데 그중 누구도 강도를 저지하거나 경찰에 신고한 사람은 없었다고 합니다. 당시 이 일이 알려지자 미국 전역에서는 이 38명의 목격자의 신원을 공개해야 한다는 항의가 빗발쳤다고 합니다.[1] '제노비스신드롬'으로까지 불리는 이 38명의 목격자들에게 가해진 사회적 비난은 과연 무엇 때문이었을까요?

흔히 피해자의 피해 사실을 목격하거나 인지하고 있었음에도 불구하고 도와주지 않는 사람들을 가리켜 방관자라고 합니다. 그런데 방관자는 또 다른 가해자라고 주장하는 사람들이 있습니다. 왜냐하면 피해자에게 심대한 상처를 주고 있기 때문이라는 겁니다.

이를 이해하기 위해서는 피해자의 입장에서 생각해봐야 합니다. 만약 여러분이 사람들 많은 곳에서 누군가에게 무차별 폭행을 당했다고 생각해봅시다. 그런데 그 많은 사람들 중 아무도 도와주지 않는다면 기분이 어떨까요? 아마도 서운함, 배신감, 고립감, 외로움, 허탈감 등 다양한 감정들이 교차하겠지요? 이러한 일을 겪는 피해자들은 가해의 상처보다는 방관의 상처로 인해 대인기피증에 걸리는 경우가 많다고 합니다. 무관심 자체가 엄청난 폭력이 된 셈이지요.

하지만 방관자들에게도 할 말은 있습니다. 무엇보다 도와주고 싶었지만 보복이 두려웠다는 게 가장 큰 이유입니다. 학교에서는 왕따 친구를 돕다가 자칫 자신도 왕따가 될 수 있습니다. 심지어 강도를 저지하려다가 목숨을 잃을 수도 있습니다. 수년 전 일본인 취객

......................
1. EBS 지식채널 〈38명의 목격자〉

을 구하려고 철로에 뛰어들었다가 열차에 치여 사망한 김수현 씨처럼 의로운 행동은 위험을 감수해야 합니다. 따지고 보면, 굳이 나의 피해를 감수하면서까지 타인을 도와주어야 할 이유는 없습니다. 물론 그런 행동은 칭찬받아 마땅하지만, 도와주지 않았다고 해서 비난하는 게 과연 옳을까요?

## 누구나 방관의 피해자가 될 수 있다

2018년도 한국 사회는 물론 세계적으로도 중요한 키워드인 '미투운동'만 해도 그렇습니다. 이는 SNS를 통해 과거에는 말하지 못했던 성범죄 피해 사실을 사회에 알리는 운동입니다. 미투운동에서의 핵심은 권력관계라고 할 수 있습니다. 사회의 구조적 권력관계 속에서 피해자들이 그동안 두려워서 차마 밝히지 못했던 성범죄 피해 사실을 용기 내어 스스로 알리는 것입니다. 이것은 결코 쉽지 않은 선택입니다.

그토록 오랜 시간 동안 피해자들이 스스로 피해 사실을 감추는 선택을 할 수밖에 없었던 배경에는 방관자들이 있었습니다. 그들이 권력관계의 일원으로서 가해자의 행위를 뻔히 알면서도 모른 척 했기 때문입니다. 특히 문화 예술계에서 많이 일어난 미투운동에 대해 영화배우 문소리씨는 "우리 모두가 가해자, 동조자, 방관자, 피해자"라는 말을 한 바 있습니다. 미투운동은 특정 가해자, 피해자의 문제가 아니라 사회 전체의 문제로 봐야 한다는 의미겠죠.

인간은 수많은 관계 속에서 살아가는 존재입니다. 그렇기 때문에 타인의 감정이나 생각에서 완전히 자유로울 수 없습니다. 우리가 겪는 모든 감정은 실상 관계 속에서 온 것이니까요. 그렇기에 서로의 상처, 아픔에 대해 책임이 있다고 할 수 있습니다.

공동체라는 것은 애초에 일정 정도의 피해를 감수하여 더 나은 삶을 추구하기 위한 것입니다. 공동체가 없다면 굳이 법, 규칙, 예절, 도덕 등을 지킬 필요가 없습니다. 어떤 행동을 비난받거나 책임을 져야 할 필요도 없습니다. 하지만 우리는 더 큰 피해를 감수해야 할 것입니다. 극단적인 자유는 오히려 나의 생명과 재산을 위태롭게 할 테니까요. 서로를 신뢰하지 못하니 평생 동안 불안, 고립, 외로움 속에서 살아가야 합니다.

다시 말해, 타인과의 관계 맺음은 결국 서로에게 책임을 부여합니다. 타인의 아픔에 무뎌지는 것은 그러한 관계 맺음을 거부하는 것과 다르지 않습니다. 관계 맺음은 우리 사회를 넘어 세계의 아픔에 공감하는 것까지 나아갑니다. 기아, 난민, 소수자 문제 등에도 관심을 가질 필요가 생기게 되죠. 이때 관심이라는 것이 단순히 익명성을 앞세워 댓글을 다는 것을 말하는 게 아닙니다. 스스로 자신을 드러내 밝히고 나에게 올지도 모를 피해를 감수하면서도 그들을 위해 진정으로 애쓰는 것을 말합니다.

진정한 시민의식은 바로 여기서 출발해야 하지 않을까요? 스웨덴의 한 공항에서 있었던 일입니다. 불법체류자 신분이던 한 가정의 아버지가 강제로 출국 명령을 당했습니다. 가족들은 갑작스러운 처분에 울면서 매달렸지만 소용없었지요. 어쩔 수 없이 아버지 혼자 비행기에 탑승해 출발을 기다리고 있는데, 이러한 사실을 다른 승객들이 알게 된 것입니다. 이에 다른 승객들이 모두 안전벨트를 풀었습니다. 그 사람을 가족에게 돌려보내지 않으면 비행기를 출발시키지 않겠다는 뜻을 보여준 거죠. 다른 승객들의 이 작은 행동 덕분에 결국 아버지는 가족에게 무사히 돌아갔다고 합니다. 만약 여러분이었다면 자신의 시간을 낭비하면서 이러한 선택을 했을까요? 아니면 방관자로 남았을까요? 한번 진지하게 생각해보면 좋을 것 같습니다.

위험이나 손해를 감수하면서까지 의로운 행동을 해야 할 의무는 없습니다. 하지만 아주 작은 관심이 누군가에게는 절실한 희망이 되기도 합니다. 이제 다음 질문에 대해 자유롭게 생각해보고, 친구들과 함께 서로의 생각을 나누며 토론해보는 시간을 가져보면 어떨까요? 답이 정해진 질문이 아니므로 자유롭게 생각하고 마음껏 토론해보세요.

1. 착한 사마리아인의 법이라는 것이 있습니다. 힘든 처지에 놓여 있는 타인을 알고 있음에도 도와주지 않으면 처벌이 가능하다는 법이지요. 이 법에 대해 본인의 생각을 밝혀보세요.

2. 얼마 전, 한국에서 실제로 일어났던 일입니다. 비행기 시간에 맞추려고
급히 택시를 타고 공항으로 갔는데, 도착하자 갑자기 택시 기사가 심장
을 움켜쥐고 고통을 호소했습니다. 비행기 출발 시간이 급박했던 승객
은 이를 모른 척하고 공항으로 뛰어 들어갔습니다. 그런데 안타깝게도
택시 기사는 그 자리에서 심장마비로 사망하고 말았습니다. 과연 여러
분은 이 승객에게 택시 기사의 죽음에 대한 책임이 있다고 생각하나요?

"몇 년 생이에요?"에
담긴 진짜 속내는?

굴지의 대기업 항공사 총수 일가와 관련한 갑질 논란으로
대한민국이 분노로 들끓었습니다. 그들은 회사 직원 및 업무관계에
있는 사람들에게 갖은 욕설과 폭언을 퍼붓고, 업무와 무관한 온갖
잡다한 심부름까지 시켰습니다. 자신들이 고용했다는 이유로 말이
죠. 아마 그들은 이토록 거센 비난을 받기 전까지는 무엇이 잘못인
줄도 몰랐을 것입니다. 온갖 욕설과 심부름은 고용인들에게 지불한
비용에 대한 정당한 권리행사쯤으로 생각했을 테니 말이죠.

갑질 행위의 핵심은 무례입니다. 즉 인간 사이에 지켜야 할 기본
적인 예의를 무시한 행동이라는 뜻이죠. 오늘날에는 갑질 행위 외
에도 충간소음이나 흡연 문제 등 수많은 무례함이 사회문제가 되
고 있습니다. 때로는 과격한 폭력이나 범죄행위로 이어지기도 합니
다. 우리는 예의를 갖추지 않은 상대방에 대해 강한 거부함을 넘어
때론 경멸까지 느끼기도 합니다.

## 예의란 표현함으로써 알리는 존중의 마음

동서양을 막론하고 인간관계에서 지켜야 할 예(禮)는 항상 존재해 왔습니다. 물론 예의 모습이나 그 정도는 다양합니다. 특히 동아시아권에서는 예의 형식을 매우 중시해왔습니다. 나이, 성별, 지위나 계급에 따라 지켜야 할 예를 엄격히 규정했지요. 일상적인 대화에서도 서양에서는 없는 존댓말을 사용합니다.

과거에는 말은 물론 눈빛이나 몸가짐까지 모두 예에 속했습니다. 가장 대표적으로 삼강오륜(三綱五倫)이 있습니다. 이것은 부부 관계, 자녀와 부모 관계, 임금과 신하 관계, 친구 관계, 형제자매 관계에서 지켜야 할 예를 규정합니다. 율곡 이이는 《격몽요결》에서 구용(九容)이라고 하여 군자가 지켜야 할 9가지 몸가짐을 이야기하기도 했습니다. 오늘날의 시각에서는 너무 답답하고 고리타분해 보일지 몰라도 그만큼 예를 중요시해왔다는 반증일 것입니다.

예라는 것은 인간관계에서 서로를 존중하는 마음을 표현하기 위한 수단이었습니다. 춘추전국시대를 살았던 공자(孔子)는 그 당시 사회가 어지러워진 이유를 '예(禮)'가 무너졌기 때문이라고 보았습니다. 그래서 과거 주나라의 예를 되살리는 것이 자신의 임무라고 생각했지요. 이때 공자가 말한 예는 개인 간의 예절, 의례, 풍속, 관습, 문화 등을 포함합니다. 즉 인사하는 것, 명절에 차례 지내는 것, 성묘하는 것, 성인식이나 장례식 절차 등도 다 '예'에 속한다고 볼수 있지요. 예는 엄격한 형식과 더불어 그 속에는 공경의 마음까지 담겨 있어야 합니다. 공자는 다음과 같이 말했습니다.

예에는 사치스러운 경향이 있는데, 실은 검소한 것이 예의 근본이요. 장례식은 남의 눈을 의식해 호화롭게 하기 쉬운데, 실은 슬픔에 겨워 어쩔 줄 모르는 것이 장례의 본디 정신에 합당하다.

- 《논어》, 제5편 공야장

인간은 표현하지 않으면 모릅니다. 제대로 표현하지 않고도 상대방이 알아서 나의 마음을 헤아려주기를 바라는 것만큼 바보 같은 짓이 또 있을까요? 그렇다고 매 순간 만날 때마다 존중하고 공경한다고 직접적으로 말하기도 쉽지 않습니다.

이런 측면에서 예는 참 편한 도구입니다. 왜냐하면 상대방이 나에게 하는 태도와 말투만 보더라도 나를 어떻게 생각하는지 짐작할 수 있으니까요. 그리고 예는 상대방의 인격을 평가할 수 있는 잣대가 되기도 합니다.

### 형식에 가려진 '예'의 진짜 얼굴

허나 지나치게 예를 강조하다 보면 예기치 못한 쓸데없는 문제들이 생겨납니다. 가장 대표적으로는 조선시대 예송논쟁을 들 수 있을 것입니다. 예송논쟁은 총 2차례에 걸쳐 벌어졌는데, 핵심은 복장 문제였습니다. 1차 예송논쟁에서 아들 효종이 죽자 인조의 두 번째 부인인 자의대비가 상복을 몇 년 입을지가 논란이 된 것이죠. 한쪽에서는 효종이 첫째 아들이었다면 당연히 3년을 입어야 하지만, 효종은 둘째 아들이니 1년을 입어야 한다고 주장했습니다. 하지만 다른 쪽에서는 엄연히 왕위를 계승했으니 3년을 입는 것이 합당하다며 주장을 굽히지 않았지요. 요즘 시각에서 보면 참으로 어처구니없는 논쟁이 아닐 수 없습니다.

이 논쟁의 이면에는 남인과 서인의 세력 다툼이 있었지만, 조선시대에는 예의 형식에 대해 지나치게 엄격했다는 점을 알 수 있습니다. 짐작하겠지만 형식에 대한 지나친 집착은 이와 같이 쓸데없는 논쟁과 시간 낭비로 이어지는 경우가 수두룩합니다.

예의 형식과 관련해서는 오늘날에도 논란이 분분합니다. 명절증후군, 지나친 권위주의와 서열 문화 등이 대표적이지요. 맞벌이 부부가 증가하면서 전통적인 명절 문화는 큰 부담이 되고 있습니다. 특히 여러분의 어머니를 포함해 여성들에게는 차례음식 준비부터 손님 접대까지 명절 내내 많은 의무와 책임이 주어집니다. 그런데 현실적으로 정말 피치 못할 사정으로(직장에 따라서는 명절에 쉬지 못하는 경우도 있습니다) 명절에 고향에 내려가지 못하거나 일손을 돕지 못한 경우에도 조상에 대한 예를 지키지 못했다는 책망이 들려오기 일쑤입니다.

학교나 직장에서도 '예'를 따지기는 마찬가지입니다. 나이나 직급에 따라 엄격한 예절이 강조되지요. 인사라도 깜빡 하면 '예의 없다', '싸가지 없다'는 소문이 삽시간에 퍼지기도 합니다. 그래서인지 한국 사회에서는 처음 만나는 사람들이 가장 먼저 물어보는 말이 있습니다.

"나이가 어떻게 되세요?"

"몇 년 생이세요?"

그냥 순수하게 몇 살인지 궁금해서 물어보는 경우는 드물 것입니다. 일단 나이를 확인해서 서열관계를 정리하겠다는 의도가 강하게 깔려 있습니다. 이러한 지나친 형식주의와 권위주의는 건전한 비판도 막습니다. 나보다 윗사람이 한 잘못이나 실수를 아랫사람이 지적하는 건 예의에 어긋난다고 간주하기 때문입니다. 학교에서 교사가 잘못을 했을 때 학생이 이를 지적하는 경우를 생각해봅시다. 감히 교사에게 일일이 잘잘못을 따지고 드는 학생이 몇이나 될까요?

물론 윗사람의 행동에 대해 말할 때에는 일정한 예를 갖출 필요는 있습니다. 하지만 그러한 행위 자체가 금지되어서는 안 됩니다. 인간은 누구나 잘못할 수 있으니까요. 서로가 이를 비판하고 수정하도록 도와주는 것이야말로 민주주의이고, 공동체가 발전하는 과정입니다. 지나치게 형식화되고 고정된 예를 강조하는 것은 한 사회의 발전을 가로막을 뿐입니다. 한때 《공자가 죽어야 나라가 산다》라는 책이 유행했던 것도 이러한 맥락이 아니었을까요?

예는 상호 간에 지켜야 하는 것입니다. 일방적으로 윗사람이 아랫사람에게 강요하는 게 아닙니다. 갑질 문화가 발생한 근본 원인은 아랫사람에게만 일방적인 예를 강조했기 때문입니다. 자식을 함부로 대하는 부모가 자식에게는 극진한 예를 요구한다는 건 앞뒤가 맞지 않는다는 뜻이지요. 공자가 그랬듯 먼저 배운 사람이 예의 올바른 본보기를 보일 때 주위 사람들도 자연스럽게 몸에 배어들게 됩니다. 또한 상황과 맥락에 대한 세심한 고려도 필요합니다. 가난한 집 사람들에게 차례상에 올린 음식이 부실하다며 비난해서는 안 됩니다. 왜냐하면 우리가 우선적으로 생각해야 하는 것은 예가 표현하고자 하는 정신이기 때문입니다.

예의 형식에 너무 좌우될 필요는 없지만, 몸에 밴 예의는 스스로의 품격을 높여줍니다. 이제 다음 질문에 대해 자유롭게 생각해보고, 친구들과 함께 서로의 생각을 나누며 토론해보는 시간을 가져보면 어떨까요? 답이 정해진 질문이 아니므로 자유롭게 생각하고 마음껏 토론해보세요.

1. 개인들의 생각에 따라 예의 형식은 언제든 변할 수 있다고 생각하나요?

2. 지나친 권위주의나 서열 문화, 갑질 문화를 개선하기 위해서는 어떤 대안이 있을까요?

3. 무례한 사람들에게도 예의를 갖출 필요가 있다고 생각하나요?

어쩜 그렇게
눈치가 없으신지…

여러분은 혹시 상대의 감정을 제대로 읽지 못해 곤란해진 적이 있나요? 말하자면 이런 일입니다. 아침에 학교 갈 준비를 하면서 거실에 나가보니 어머니의 표정이 평소와 달리 심상치 않습니다. 뭔 일인가 싶었지만, 문득 오늘 방과 후에 친구들과 함께 PC방에 가기로 약속했던 게 생각납니다. 그래서 생각난 김에 어머니에게 용돈을 부탁했습니다.

"엄마, 나 용돈 좀 주세요. 이번 달 용돈이 다 떨어졌어요."
"용돈 준 지 얼마나 되었다고, 갑자기 왜 또 달래?"
"오늘 학교 마치고 친구들하고 PC방 가기로 했거든요."
"넌 하라는 공부는 안 하고 맨날 PC방이야! 안 돼!!"

분명 여러분도 이와 비슷한 억울한(?) 경험이 있을 것입니다. 나는 그저 평소와 다름없이 행동했을 뿐이고, 또 평상시라면 별로 혼날 문제도 아니었습니다. 마침 저번 주에 시험도 끝났기 때문에 당연히 주실 줄 알았습니다. 대체 무엇이 잘못이었을까요?

그렇습니다. 바로 눈치가 없었던 거죠. 거실에 나갔을 때 어머니의 표정이 평소와 달랐다면 그 이유부터 고민했어야 합니다. 눈치가 없다는 건 상대방의 감정을 잘 알아채지 못하고 행동한다는 뜻입니다. 어머니의 감정 상태가 평소보다 좋지 못하다는 것을 알아챘다면 용돈을 달라는 말을 쉽게 꺼내지는 못했을 것입니다.

그래서 눈치 없는 사람은 사회생활에서 손해를 보는 경우가 많습니다. 딱히 악의 없이 한 말인데 분위기를 순식간에 싸늘하게 만드는 소위 '갑분싸'를 일으키거나, 나쁜 사람은 아님에도 조직 내에서 공공연히 미운털이 박히기도 하지요. 모두 상대의 감정을 제대로 헤아리지 못한 결과입니다.

## 타인의 감정에 전염되다

인간관계에서 상대방의 감정을 헤아리고 행동한다는 것은 매우 중요합니다. 학교에 가면 친구들의 감정을 잘 살펴야 합니다. 상대방의 감정을 헤아리지 않은 채 아무말이나 툭툭 내뱉거나 눈치 없이 행동을 하는 친구를 반기는 사람은 아마 없을 것입니다. 사춘기 시절에 친구를 소중하게 생각하는 이유는 누구보다 나의 감정을 가장 잘 이해해주는 존재라는 생각 때문일 것입니다.

인간이 다른 사람의 감정을 헤아릴 수 있다는 것은 참으로 놀라운 능력입니다. 우리는 상대방의 표정이나 말투만으로도 상대방과 감정을 공유합니다. 예컨대 믿었던 이성 친구에게 배신당한 친구의 이야기를 듣다 보면 똑같이 배신감, 억울함을 느끼게 되지요. 열심히 공부해서 시험점수가 많이 오른 친구를 보면 나 역시 성취감을 느끼는 경우도 있습니다. 심지어 TV 드라마를 보면서도 매일 이러한 경험을 합니다. 드라마 등장인물의 삶에 같이 분노하고, 슬퍼하기도 하고, 기뻐하기도 하니까요. 이 모든 것은 내가 실제로 겪은 일도 아니고, 나의 삶도 아닙니다. 그런데 마치 텔레파시처럼 감정이 전달되고 전염되는 것입니다.

최근의 뇌 과학자들은 놀라운 발견을 했습니다. 그저 타인의 행동을 관찰하는 것만으로도 우리의 뇌는 마치 그 행동을 실제로 한 것처럼 받아들인다고 합니다. 뇌 속에 있는 거울뉴런이 이를 가능하게 해주는 거죠. 거울 뉴런은 상대방의 행동이나 표정을 볼 때 활성화되는데, 누군가 모서리에 정강이를 부딪치거나 손가락을 찧는 모습을 보기만 해도 마치 내 정강이나 손가락이 짜릿하게 아픈 것처럼 느껴지는 건 바로 이 거울뉴런 덕분입니다.

공감 능력은 태어날 때부터 선천적으로 갖춰진 능력입니다. 갓 태어난 아기들을 볼까요? 신생아실에서 한 아기가 울면 그 공간에 있는 모든 아기들이 따라 울게 됩니다. 크리스티안 케이서스(Christian Keysers)라는 학자는 이를 공유회로라고 이름 붙였습니다.[2]

........................
2. 크리스티안 케이서스, 고은미 · 김잔디 옮김, 《인간은 어떻게 공감하는가?》, 바다출판사, 2018 참고

#내 친구의 남친은_ 양다리 #함께_ 복수해주고픈_ 마음만 굴뚝 #너도 아프냐?_ 나도 아프다

개인마다 조금씩 차이는 있지만, 우리는 원하든 원치 않든 공유회로를 통해 직관적으로 감정을 공유합니다. 먼 나라에 있는 난민이나 기아들보다 우리 주위에 있는 어려운 사람들의 문제가 더 마음을 움직이는 이유도 여기에 있습니다. 왜냐하면 우리의 공유회로는 직접적인 만남과 관찰을 통해 더욱 활성화되기 때문입니다.

## 공감은 어느 누구도 강요할 순 없다

감정을 공유하는 것, 즉 공감은 사회를 유지하는 데 꼭 필요한 능력 중 하나입니다. 사회에서 살아가는 대부분의 사람들은 강제하지 않아도 어느 정도 상대방을 배려하고 규칙을 지키며 어려운 사람들을 도와주려고 노력합니다.

근대의 유명한 철학자 데이비드 흄(David Hume)은 도덕적 행동을 하는 가장 직접적인 이유는 감정 때문이라고 했습니다. 그 당시 대부분의 사람들은 옳고 그름을 따질 수 있는 능력, 즉 이성이 있기에 우리가 도덕적 행동을 할 수 있게 된다고 여겼습니다. 하지만 가만히 생각해보면, 사람들은 아무리 옳다고 생각해도 그것을 행동으로 옮기지 않는 경우가 더 많습니다. 실천으로 이어지려면 그저 생각하는 것만으론 부족합니다. 감정이 필요하지요. 최근의 인지과학자들은 옳고 그름을 따지기 이전에 이미 감정에 따라 도덕적 행동이 결정된다는 것을 밝혀냈습니다.

하지만 때로는 공감 능력이 우리 삶을 힘들게 만들기도 합니다. 모른 척 눈감고 지나가면 편할 일 때문에 하루 종일 괴로울 수도 있으니까요. 반에 왕따를 당하고 있는 친구가 있다고 가정해봅시다. 평소 친분이 있는 것도 아니니 그냥 모른 척하면 그만입니다. 하지만 괴롭힘을 당하는 모습을 보자 마음이 자꾸 쓰이고, 시간이 지날수록 괴로워집니다. 만약 그 친구를 도와주면 나 역시 왕따를 당할 수도 있어서 고민이 되었지만, 결국 위험을 감수하고 담임 선생님께 왕따 사실을 알립니다. 이 모든 것은 인간에게 공감 능력이 없다면 아무 고민할 필요도 없는 문제일 것입니다.

## 공감의 두 얼굴

공감 능력은 때로는 사회적 규범과의 갈등을 일으키기도 합니다. 빅토르 위고(Victor Hugo)가 지은 《레미제라블》이라는 소설의 첫 장면에서 주인공 장발장은 빵을 훔칩니다. 굶고 있는 어린 조카들을 외면할 수 없었으니까요. 절도는 명백한 범죄입니다. 하지만 독자들은 장발장을 흉악한 범죄자라고 보지 않습니다. 어린 조카들을 위해 빵을 훔칠 수밖에 없었던 장발장의 안타까운 처지에 깊이 공감하니까요.

이런 일은 실제 현실에서도 일어났습니다. 2008년 리투아니아에서는 드라슈스 케디스(Drąsius Kedys)라는 남성이 자신의 어린 딸을 성추행한 범죄자를 살해했습니다. 이 사람은 자신의 딸을 성추행한 사람들을 신고했지만, 권력을 가졌다는 이유로 이들이 법정에서 무죄판결을 받자 스스로 복수를 결심한 것입니다.

당시 리투아니아 사람들은 아동 성추행 사건을 방관한 정부를 비난하며 오히려 살인을 저지른 케디스를 옹호하였다고 합니다. 이처럼 공감 능력은 차갑고 냉철한 법과 질서에 따뜻한 인간적 숨결을 불어넣기도 합니다.

한편 지나친 공감이 판단력을 흐릴 때도 있습니다. 지난 세월호 참사 당시 구조 활동을 하던 잠수부가 사망하는 사건이 발생했습니다. 참으로 안타까운 일이 아닐 수 없었습니다. 세월호에 갇혀 있는 아이들을 한 명이라도 더 구하기 위해 자신의 몸을 돌보지 않은 채 구조 활동을 했던 것입니다. 이 잠수부의 사연을 들은 많은 국민들은 함께 슬퍼하고 아파했습니다.

그런데 이를 두고 일부 언론과 사람들은 엉뚱하게 세월호 유족들에게 비난의 화살을 돌렸습니다. 그들이 과도한 구조 활동을 강요했다는 이유였지요. 하지만 세월호 유족들은 잠수부들에게 구조 활동을 강요한 적이 없었습니다. 불행한 사고였을 뿐 유가족들에게 그 책임을 돌릴 수 있는 사건이 아니었죠. 그럼에도 잠수부의 안타까운 죽음에 대한 지나친 공감과 감정적 대응은 섣부른 판단을 불렀고, 결국 엉뚱한 대상에 공격의 화살을 돌리게 된 것입니다.

이렇듯 사람들은 지나친 공감으로 인해 사실관계도 제대로 따져보지 않은 채 타인을 비난하거나 충동적으로 행동하기도 합니다. 물론 공감이라는 건 심사숙고를 통해 이루어지는 게 아닙니다. 사실 매우 직관적으로 이루어지지요. 다만 전염되고 공유된 감정에 대해 우리가 어떤 판단을 내리고, 어떻게 행동할지는 온전히 각자의 몫일 것입니다.

타인의 감정에 이입하는 공감 능력은 인간적인 사회를 만들어주는 인간의 강점인 동시에 섣부른 판단을 부추기기도 합니다. 다음 질문에 대해 자유롭게 생각해보고, 친구들과 함께 서로의 생각을 나누며 토론해보는 시간을 가져보면 어떨까요? 답이 정해진 질문이 아니므로 자유롭게 생각하고 마음껏 토론해보세요.

1. 우리가 도덕적 판단을 하는 데 있어 생각과 감정 중에 무엇이 더 중요하다고 생각하나요? 그 이유는 무엇인가요?

2. 사람들마다 공감 능력의 차이가 있는 이유는 무엇일까요?

3. 공감은 우리 사회를 더 정의롭게 할 수 있을까요?

# "널 위해 뭐든지 할 수 있어!"에 담긴 섬뜩함

지금 이 순간 여러분이 가장 사랑하는 사람을 떠올려봅시다. 누가 떠오르나요? 부모님, 친구, 이성 친구 또는 요즘 푹 빠져 있는 연예인 등등 분명 누군가의 얼굴이 떠오를 것입니다. 인간으로 태어나서 죽을 때까지 어느 누구도 사랑하지 않고 살아가기란 거의 불가능합니다. 사랑은 그만큼 인간이 가지고 있는 가장 근원적인 감정 중 하나입니다.

인류사에서 인간이 창조해온 수많은 예술 작품들의 면면을 살펴보면, 거의 대부분 사랑을 주제로 한 것들임을 알 수 있습니다. 지금도 노래가사, 영화, 드라마 등을 보면 그 내용의 핵심에는 언제나 사랑이 자리합니다. 사랑은 우리 인간의 삶을 가장 위대하게도 만들고, 반대로 가장 비참하게도 만들어왔습니다.

## 우리가 알고 있는 사랑의 여러 가지 모습

사랑의 의미는 맥락에 따라 다양하게 풀이될 수 있습니다. 고대 서양에서는 사랑을 에로스(Eros), 플라토닉(Platonic), 아가페(Agape)로 분류했지요. 에로스는 남녀 간의 육체적 사랑을 의미하고, 플라토닉은 정신적 사랑으로 학문이나 예술에 대한 사랑이 여기에 해당합니다. 마지막으로 아가페는 종교적 의미가 깊습니다. 인간에 대한 신의 사랑으로 풀이되는데, 조건 없는 사랑을 의미하지요. 현실에서는 자식에 대한 부모의 사랑을 흔히 아가페적 사랑에 비유합니다. 물론 자식에 대한 부모의 사랑이 정말 아무런 조건 없는 사랑인지에 관해서는 논란의 여지가 있습니다.

그 밖에도 사랑의 모습은 다양하게 존재합니다. 애완동물을 사랑하는 것, 친구를 사랑하는 것, 자연을 사랑하는 것, 내 자신을 사랑하는 것 등도 모두 사랑입니다. 사랑의 본질에는 아끼고 소중히 여기는 마음이 존재합니다. 따라서 그 대상이 무엇이든 그것을 사랑한다는 것은 아끼고 소중히 여긴다는 의미가 포함되어 있다고 할 수 있습니다.

그런데 때로는 사랑이라는 이름으로 다양한 형태의 폭력이 자행되기도 합니다. 예를 들어 스토킹, 데이트 폭력, 사생팬 등이지요. 스토커들을 잡아서 도대체 왜 그런 행동을 했는지 조사해보면 대부분 상대방을 너무 사랑해서 그랬다고 말합니다. 사생팬들도 마찬가지지요. 너무 사랑한 나머지 그 연예인의 모든 것을 낱낱이 알고 싶었던 것입니다.

하지만 상대방의 기분과 상관없이 일방적으로 좋아하는 것을 사랑이라는 이름으로 곱게 포장할 순 없습니다. 본인이야 사랑이라고 믿고 싶겠지만, 올바른 사랑은 아니라는 뜻이죠.

이러한 사랑이라는 이름의 폭력은 다른 폭력보다 훨씬 더 잔인해지는 경우가 많습니다. 왜냐하면 사랑이라는 동기가 일말의 죄책감마저도 없애주니까요. 드라마나 영화 같은 데서 이런 대사를 들어본 적이 있을 것입니다.

"사랑해! 난 널 위해서라면 무슨 일이든 할 수 있어."

이 말은 상당히 로맨틱하게 들릴 수도 있지만, 조금만 다시 생각하면 아주 무서운 말이 되기도 합니다. 왜냐하면 사랑 앞에서 수단과 방법을 가리지 않겠다는 뜻이니까요.

이렇게 본다면 자식에 대한 부모의 사랑도 다시금 성찰해봐야 하지 않을까요? 초등학생이 하루에 학원을 7곳이나 다닌다는 뉴스를 본 적이 있습니다. 이 아이는 밥 먹을 시간도 모라자라서 편의점에서 컵라면으로 간신히 끼니를 때우고 있었습니다. 부모는 이 모든 것이 아이를 최고의 인재로 키우기 위해서라고 당당하게 말합니다. 말 그대로 사랑하기 때문이랍니다.

어른이 된 자녀의 면접장까지 쫓아다니며 옷매무새며 화장실까지 일일이 참견을 하는 헬리콥터 맘도 마찬가지입니다. 다 자란 자식 주위를 끊임없이 맴돌며 사랑이라는 미명하에 하나부터 열까지 이래라저래라 해야 직성이 풀리는 부모들은 우리 생각보다 꽤 많습니다.

## 사랑이 결코 면죄부가 될 순 없다

사랑에는 열정, 헌신, 친밀감을 넘어 지성이 작동해야 합니다. 그건 지금 내가 하고 있는 사랑이 올바른 사랑인지 고민해봐야 한다는 뜻입니다.

사랑한다면 어느 정도의 간섭은 있을 수 있지만, 그 정도가 어디까지인지는 신중하게 선택해야 할 것입니다. 그렇지 않으면 서로에게 깊은 상처만을 남길 뿐이죠. 상대방을 사랑한다는 이유로 모든 간섭과 구속이 허용될 순 없으니까요. 사랑은 상대방을 하나의 인격체로 인정하는 데서 시작되어야 합니다. 그런 의미에서 본다면 질투라는 감정은 참으로 묘한 것입니다.

질투는 상대방이 나 이외에 타인에게 보이는 관심에 대해 나타나는 부정적 감정입니다. 주로 파괴적인 형태로 나타나는 경우가 많습니다. 그리고 스스로를 화나고 우울하게 만들죠. 질투는 상대방이 나만을 바라보지 않는다고 생각할 때 시작됩니다. 이는 연인에 대한 배타적 자기소유권입니다. 즉 오직 나만의 소유물로 생각하는 것이죠.

철학자 에리히 프롬(Erich Pinchas Fromm)은 소유적 사랑과 존재적 사랑을 구분했습니다.[3] 소유적 사랑은 말 그대로 상대방을 소유하려는 마음이 지배합니다. 즉 내가 상대방을 사랑하는 그 순간 상대방은 내 소유여야 하죠. 내 소유이기에 그 누구보다 잘해주지만, 단 나의 지배 아래에 있어야 합니다. 감정과 생각까지도 내가 원하는 모습으로 표현하기를 원합니다. 이런 사랑이라면 상대방은 그저 나의 소중한 전시품에 불과할 뿐입니다.

반면 존재적 사랑은 상대방을 나와 같은 인격을 소유한 하나의 존재로서 인정합니다. 지금 당장 내 곁에 없더라도 이 세상에 존재하고 있다는 것만으로 만족하지요. 상대방이 자신의 존재를 드러내고, 성장하는 과정을 진정으로 기뻐합니다. 연인이 자신의 꿈을 이루기 위해 떠나는 것조차도 진정으로 응원해줄 수 있는 것이 바로 존재적 사랑입니다. 그렇기에 상대방에 대해 욕심을 부리거나 집착하지 않습니다.

누구든 연인의 감정과 생각까지 소유할 순 없습니다. 자신의 감정과 생각이 어떻게 변할 것인지는 본인도 알 수 없는 법입니다. 인간은 언제나 변할 수 있는 존재니까요. 아주 오래전 어느 광고카피에서 "사랑은 움직이는 거야!"라는 말이 유행한 적이 있습니다. 그렇습니다. 사랑은 움직이고 또 변합니다. 그런 변화의 와중에도 끊임없이 상대방을 사랑하기로 선택한다는 것은 실로 위대한 일입니다. 영화 〈님아, 그 강을 건너지 마오(2014)〉에서 할머니와 할아버지의 수십 년 사랑에 수많은 사람들이 폭풍 눈물을 흘린 것도 바로 이런 이유가 아닐까요?

..........................
3. 이에 대한 자세한 논의는 에리히 프롬, 황문수 옮김, 《사랑의 기술》, 문예출판사, 2006 참고

**넌 어떻게 생각하니?**

사랑은 자신과 타인에 대한 가장 위대한 감정인 동시에 때로는 가장 위협적인 무기로 돌아와 우리를 공격하기도 합니다. 다음의 질문에 대해 자유롭게 생각해보고, 친구들과 함께 서로의 생각을 나누며 토론해보는 시간을 가져보면 어떨까요? 답이 정해진 질문이 아니므로 자유롭게 생각하고 마음껏 토론해보세요.

1. 여러분 생각에 짝사랑도 사랑이라고 할 수 있을까요?

2. 우리 삶에서 가장 소중한 것은 사랑이라는 말에 동의하나요? 그렇게 생각하는 이유는 무엇인가요?

3. 결혼제도는 한 사람만을 영원히 사랑해야 한다는 약속입니다. 결혼제도의 장단점을 비교해보고, 결혼제도가 앞으로 계속 존속해야 하는지에 대해 여러분 자신의 생각을 정리해봅시다.

| 장점 | 단점 |
| --- | --- |
|  |  |

대한민국
헌법 10조에 관하여

흔히 인간의 존엄성은 헌법에서 보장한다고 말하는데, 그 근거가 되는 것이 바로 헌법 10조입니다. 대한민국 헌법 10조에는 다음과 같이 명시되어 있습니다.

모든 국민은 인간으로서의 존엄과 가치를 가지며, 행복을 추구할 권리를 가진다. 국가는 개인이 가지는 불가침의 기본적 인권을 확인하고 이를 보장할 의무를 진다.

헌법은 위와 같이 인간의 존엄성을 명시하고 있습니다. 존엄하다는 것은 윤리적으로 존중받을 권리가 있다는 뜻입니다. 인간은 자신의 행복을 추구하기 위해 다양한 정치 참여 및 기본적 인권을 보장받습니다. 국가는 이러한 권리를 적극적으로 보장하고 지켜줘야 할 의무가 있습니다.

오늘날 민주주의 사회를 살아가는 시민이라면 누구나 인간의 존엄성을 인정합니다. 하지만 인류가 항상 인간의 존엄성을 당연시해왔던 건 아니었습니다. 민주주의의 성지였던 아테네에서조차 정치적 주체는 건강한 성인남성에 국한되었으니까요. 즉 여자나 어린아이, 장애인 등은 정치적 주체로 대접받지 못했던 것입니다.

또 불과 200여 년 전까지만 해도 노예제도가 존재했습니다. 유색인종에 대한 차별은 당연시되었고, 여성이 선거권을 갖게 된 것 또한 얼마 지나지 않은 일입니다. 우리나라에서 신분제가 폐지된 것도 이제 고작 100년이 조금 지났을 뿐입니다. 이렇게 성별과 신분, 나이, 인종을 뛰어넘어 모든 인간이 존엄한 존재라는 사실을 인정하기까지는 실로 오랜 세월 동안 수많은 사람들의 노력과 희생이 있었습니다.

## 인간 존엄성의 근거는 무엇인가?

여기서 의문이 들지 모릅니다. 인간은 왜 존엄한 것일까요? 중세시대에는 신의 형상을 닮았기 때문이라고 보았습니다. 신이 창조한 수많은 피조물 가운데 인간만이 가장 신에 가깝게 창조되었습니다. 이 논변에서 판단기준은 신입니다. 그렇기 때문에 신과 더 가까운 존재인 성직자는 일반인보다 더 가치 있고 존엄한 존재로 인식되었지요. 그래서 중세시대에는 신이라는 이름하에 많은 사람들이 마녀사냥이나 종교전쟁과 같은 아픔을 감수해야 했습니다. 그만큼 신의 가치가 절대적이었던 것입니다.

근대에 들어서는 이성, 즉 생각하는 능력을 존엄의 이유로 보았습니다. 인간은 다른 동물들과 다르게 깊이 생각하여 판단하고 행동합니다. 인간이 역사적으로 이룩해온 빛나는 과학기술과 제도, 학문 등은 모두 이성의 산물입니다. 이성을 통해 인간은 신의 그림자에서 벗어나 자율적인 존재로 거듭나게 되었죠. 하지만 이러한 관점에도 문제는 있습니다. 만약 이성이 존엄성의 근거라면 사고 능력이 떨어지는 어린아이나 지적 장애인들은 어떻게 될까요? 생각하는 능력이 아예 없는 태아나 식물인간은? 이들의 존엄은 무시되어도 상관없다는 뜻인가요?

그래서 최근에는 인간이라는 그 이유 하나만으로도 존엄하게 대우받을 수 있는 권리가 있다고 주장합니다. 그렇다면 정말 우리 사회에서는 모든 사람들이 존엄한 존재로 대우받고 있을까요? 당장 우리들의 삶을 생각해봅시다.

학교에서는 휴대폰을 사용할 수 없습니다. 통화를 하거나 메시지를 주고받고 싶어도 참아야 합니다. 밤늦도록 컴퓨터 게임을 하고 있으면 부모님께 야단도 맞습니다. 공부가 싫어도 해야 하고, 학원도 가야 합니다. 술 담배는 당연히 금지됩니다. 호기심에 손을 댔다가는 교칙에 따라 엄한 처벌을 받을 게 뻔합니다.

앞에서 보았듯이, 존엄성이 있다는 것은 가치 있는 존재로 존중받고, 아울러 스스로 행복을 추구할 권리가 있다는 뜻입니다. 그런데 곰곰이 생각해보면 우리 뜻대로 할 수 있는 일이 별로 없는 것 같습니다. 그러니 때때로 존엄하게 대우받지 못하고 있다고 생각할 수도 있습니다.

그런데 인간이 존엄한 존재라는 것은 두 가지 의미로 봐야 합니다. 첫째는 존엄한 존재로 대우 받아야 한다는 것이고, 둘째는 존엄한 존재로 살아가야 한다는 것입니다. 우리에게 중요한 것은 후자인 존엄한 존재로 살아가는 것입니다.

우리는 타인에게 가치 있는 존재로 대우받을 수 있는 사람이 될 필요가 있습니다. 그렇게 되려면 욕구를 절제하여 좀 더 가치 있는 일에 열정을 쏟을 수 있어야 합니다. 그리고 우리 사회가 합의한 공공의 규칙이나 공익을 위해 협력해야 할 것입니다. 적어도 타인의 권리를 침해하면서까지 나의 권리만을 지키려는 행위는 하면 안 되겠지요.

나아가 우리 사회에서 소외되고 존엄하게 대우받지 못하고 있는 사회적 약자에 대해서도 관심을 기울여야 합니다. 내가 타인의 존엄성을 소중히 여기고 지켜주기 위해 노력할 때 우리 자신의 존엄성도 비로소 존중받을 수 있습니다. 그런 의미에서 보면 어린아이, 여성, 성소수자, 장애인, 난민이나 기아 문제해결에 우리가 왜 적극적으로 참여해야 하는지 알 수 있을 것입니다.

일부에서는 사회적 약자에 대한 지나친 복지 확대는 세금의 부담으로 이어질 수 있다고 우려합니다. 물론 틀린 말은 아닙니다. 하지만 여기서 반드시 짚고 넘어갈 지점이 있습니다. 우리나라 헌법에서 명시된 인간 존엄성은 어느 한 개인의 권리만을 의미하는 게 아니라 보편적 인간의 권리 보장을 의미합니다. 이 말은 곧 우리 사회의 보편적 인권 신장을 위해 개인의 권리는 어느 정도 포기할 수 있어야 한다는 뜻도 담겨 있는 것입니다.

## 남의 존엄성을 짓밟은 이들의 존엄성 보장에 관하여

좀 더 논의를 이어가봅시다. 모든 인간이 존엄하다면 우리는 범죄자의 존엄성도 보장해주어야 할까요? 여러분도 조두순이라는 이름을 기억할 것입니다. 어린 여자아이를 무자비하게 성폭행하고 평생지워지지 않을 크나큰 상처를 준 흉악한 범죄자입니다. 훗날 영화로까지 만들어진 이 사건이 벌어졌을 때 범죄 당시 술에 취한 심신미약 상태였다는 이유로 처벌 수위가 낮아진 데 대해 국민들은 분노를 금치 못했습니다.

감정적으로 생각하면 굳이 이러한 흉포한 범죄자까지 존엄하게 대우해줄 필요가 있을까 하는 생각이 듭니다. 왜냐하면 이미 타인의 존엄성을 무참히 짓밟았으니까요. 하지만 결과적으로 국가는 이러한 범죄자에게도 공정한 재판을 받을 권리를 보장해줍니다. 체포과정에서도 함부로 폭력이나 고문을 행사하지 않죠. 교도소에 수감되어서도 잠잘 시간이나 식사시간, 운동시간이 보장됩니다. 만약존엄성을 인정하지 않는다면 그에게 이러한 것들을 굳이 보장해주지 않을 것입니다. 어찌 생각하면 참으로 분통 터지는 일이 아닐 수없습니다.

하지만 앞에서도 말했듯이, 인간을 존엄한 존재로 대우하는 데있어 일정한 조건을 둔다면 여러 가지 더 심각한 문제가 생깁니다.

만약 법을 어긴 사람은 존엄한 존재로 대우할 필요가 없다면 우리 사회는 어떻게 될까요? 타인의 권리를 침해했다는 이유로, 최소한의 인간적인 대우도 하지 않는다면 그야말로 공포가 지배하는 사회로 변질되지 않을까요? 예컨대 학교 교칙을 어긴 학생에게 그 대가로 운동장을 오리걸음으로 100바퀴 돌라고 한다면, 어느 누구도 그 학교를 행복하게 다니기는 힘들 것입니다.

우리 중에 타인에게 조금의 피해도 주지 않고 살아가는 사람이 과연 몇이나 될까요? 물론 범죄자의 경우 그 정도가 일반적 기준에 비해 심각하고, 죄에 대한 응분의 대가를 치르는 것이 마땅하지만, 그럼에도 불구하고 최소한의 인간적인 대우를 해주어야 하는 것은 그가 인간이기 때문입니다.

우리는 모두 존엄한 존재들입니다. 그러나 왜 존엄한 존재인지, 모든 사람들을 존엄한 존재로 대우하기 위해 우리 사회는 어떠한 노력을 기울여야 하는지에 대해서는 여전히 논란의 여지가 많습니다.

최근 존엄사나 사형제도를 둘러싼 여러 논의를 통해 알 수 있듯이 인간 존엄성을 둘러싼 뜨거운 논쟁은 아직까지 현재진행형입니다. 오늘 하루를 돌아보면서 여러분은 다른 사람에게 존엄한 존재로 대우를 받고 있는지 그리고 다른 사람을 존엄한 존재로 대우했는지 한번 곰곰이 생각해보면 어떨까요?

흉악한 범죄를 저지른 범죄자의 인권 보호에 관해서는 의견이 분분하며, 아직까지도 뜨거운 논쟁이 이어지고 있습니다. 다음 질문에 대해 자유롭게 생각해보고, 친구들과 함께 서로의 생각을 나누며 토론해보는 시간을 가져보면 어떨까요? 답이 정해진 질문이 아니므로 자유롭게 생각하고 마음껏 토론해보세요.

1. 살인이나 성범죄자와 같은 중범죄자의 신상 공개를 허용해야 한다고 생각하나요? 자신의 입장을 정리해봅시다.

2. 최근 잔인무도한 동물학대 뉴스가 종종 보도되고 있습니다. 인간을 존엄한 존재로 대우해야 한다면 동물은 어떠한가요? 우리에게 동물을 존엄한 존재로 대우해줄 의무가 있을까요?

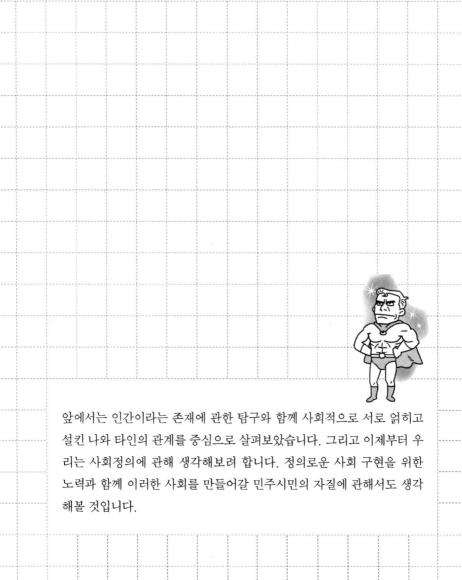

앞에서는 인간이라는 존재에 관한 탐구와 함께 사회적으로 서로 얽히고
설킨 나와 타인의 관계를 중심으로 살펴보았습니다. 그리고 이제부터 우
리는 사회정의에 관해 생각해보려 합니다. 정의로운 사회 구현을 위한
노력과 함께 이러한 사회를 만들어갈 민주시민의 자질에 관해서도 생각
해볼 것입니다.

# 3

# 정의로운 사회와
# 민주시민에 관하여

"사회의 정의를 위해 노력하는 것은 인생에서 할 수 있는 가장 가치 있
는 일이다"

– 알베르토 아인슈타인

우리가 슈퍼히어로에
열광하는 이유

혹시 슈퍼히어로가 나오는 영화를 좋아하나요? 많은 사람들이 슈퍼히어로 영화를 보며 열광합니다. 영화를 보다 보면 위기가 닥칠 때마다 높은 자리에 있는 사람들은 그저 그들 자신의 안위나 이익을 지키는 데만 관심이 있고, 경찰과 군대는 악당의 공격에 일방적으로 당하는 무능한 모습을 보이기 일쑤죠. 이 과정에서 우리처럼 평범한 사람들은 속수무책으로 희생당하게 됩니다.

그때 슈퍼히어로가 '짠' 하고 나타납니다. 도저히 막을 수 없을 것 같던 악당들을 용감하게 무찔러주지요. 사회 전반에 불의가 판치는데, 언제 어디서든 번개 같이 나타나 평범한 사람들을 지켜주는 슈퍼히어로의 모습은 마치 부정의한 세상의 유일한 구원자를 만난 것처럼 우리에게 대리만족을 줍니다.

하지만 여기서 우리가 놓치면 안 될 지점이 있습니다. 그들이 정의를 수호하는 데 사용하는 무자비한 무력과 폭력은 과연 정당할까요? 경찰과 법원의 역할은 무엇일까요? 이렇게 물음은 계속해서 이어지지만, 우리들 대부분은 이러한 물음은 뒤로한 채 그저 영웅들의 활약상에 뿌듯함과 카타르시스를 느끼며 극장을 나옵니다. 그들의 새로운 활약상이 펼쳐질 속편 개봉을 기대하며 말이죠. 우리 사회에도 정의를 수호해줄 슈퍼히어로가 존재한다면 얼마나 좋을까 하는 바람과 함께.

## 정의가 살아 있다는 착각과 침묵하는 소시민

슈퍼히어로 영화는 많은 이들에게 그래도 정의(正義, Justice)는 살아 있다는 위안을 줍니다. 하지만 딱 거기까지입니다. 이러한 위안에 취한 채 정작 우리 스스로는 사회의 불의에 대해 눈을 감아버리거나 침묵하는 것이 좋다며 소시민적 사고에 안주하는 것은 문제가 아닐까요? 혹시 오늘도 스스로 문제를 해결해볼 생각은 하지 아니하고, 누군가 특별한 존재가 나타나 우리 사회의 문제를 해결해줄 거라는 막연한 기대 속에 불의한 권력의 부당한 행위에 대해 마냥 침묵하고 있는 것은 아닐까요?

사회에 불의가 판을 칠수록 힘없는 시민들은 위축될 수밖에 없습니다. 사실 우리 사회는 불의한 사람이 그 대가를 충분히 치르지 않는 것처럼 보이고, 그럼으로써 억울함을 느끼는 사람들이 많은 것 같습니다. 즉 돈이 있다면 죄를 지어도 죄가 안 되고, 돈이 없으면 죄가 성립한다는 '유전무죄', '무전유죄'와 더불어 권력이 있으면 죄를 면하고 권력이 없으면 죗값을 달게 치러야 하는 '유권무죄', '무권유죄' 또한 같은 맥락에서 국민들을 분노하게 합니다.

실제로 통계를 살펴보더라도 생산직 범죄에 대한 처벌은 엄격한 반면, 화이트칼라 범죄에 대해서는 관대한 판결이 많다는 점을 확인할 수 있습니다. 그렇다면 정의란 힘없는 사람은 외면한 채 오직 힘 있고 강한 자들의 편에 서 있는 것일까요?

2500년 전 그리스 아테네에서도 똑같은 고민이 논의되었습니다. 트라시마코스(Thrasymachus)는 올바른 삶을 살아야 한다는 소크라테스의 주장을 논박하면서 정의로움이란 단지 강자들의 자기 이익일 뿐이라는 주장을 거침없이 제기했죠.

> 정의란 힘센 자들의 이득일 뿐이다. 보통 법을 지키는 것이 정의라고 하는데, 그 법이라는 것이 통치권을 차지한 강자가 만드는 것이고, 그는 자신에게 이득이 되게끔 법을 만드는 것이니 권력을 갖지 못한 자가 법을 지키며 정의롭게 살겠다는 것은 곧 강자인 지배자의 이득에 종사하는 것이다.

그렇다면 정의가 강자만의 이익이 되지 않게 하려면 어떻게 해야 할까요? 먼저 정의가 무엇인지 살펴봐야 합니다. 어떤 개념의 의미를 알아보려면 그와 반대되는 의미의 개념을 살펴보는 게 도움이 됩니다. 따라서 정의가 무엇인지 알아보려면 먼저 부정의가 무엇인지 살펴볼 필요가 있습니다. 부정의, 즉 불의란 무엇일까요? 먼저 언제 우리가 불의를 느끼는지 살펴봅시다.

살다 보면 종종 억울함을 경험합니다. 똑같은 일을 했음에도 불구하고 누군가는 더 나은 것을 또는 더 많은 것을 얻게 되고, 나에게는 더 나쁜 것 또는 더 적은 것이 주어질 때 우리는 불의함을 느끼죠. 이러한 불평등에 대한 분노는 다른 고등동물들의 실험에서도 확인되기도 했습니다. 예컨대 동물행동학자인 프란스 드 발(Frans de Waal)은 원숭이들에게 같은 일을 시킨 다음에 어떤 원숭이에게는 포도를 주고, 어떤 원숭이에게는 오이를 주면, 오이를 받은 원숭이는 오이를 거부하고 던져버린다고 합니다.

## 맹목적 혐오와 분노에 빠진 사람들

이러한 측면에서 볼 때, 아리스토텔레스가 말한 "각자에게 합당한 몫이 돌아가는 것"은 정의의 가장 기본적인 모습을 보여줍니다. 더불어 우리도 다른 사람은 그들의 처지에 존중과 지지를 받음에도 불구하고 자신은 그러한 대우를 받지 못하고 무시당하거나 외면당하게 되면 억울함이나 분노를 느끼게 되죠.

그렇다면 정의롭다는 것은 부당한 대우를 받지 않으면서도 인간으로서 존엄성을 지켜주는 것을 의미한다고 볼 수 있습니다. 이러한 존엄성은 누구나 평등하고 자유로운 존재로 대우받을 때 비로소 달성될 수 있을 것입니다.

그렇다면 우리 사회에서 불의하다고 느끼며 억울하다고 여길 만한 사례에는 어떠한 것들이 있을까요? 요즘 우리 사회를 보면 서로 편을 가르고 극심하게 대립하며 상대에게 분노하는 모습을 어렵지

#억울한_마음 #누구는 입이고_ 누구는 주둥이냐! #포도는 달아요_ 하지만 오이는 물맛
#왜 나만_차별해? #달달한 포도_ 맛난 건_ 나도 알아요 #너 나빠!

않게 볼 수 있습니다. 예컨대 젊은 남자들은 자신들은 힘들게 군대에 가서 고생해야 하지만, 여자들은 군대에 가지 않아도 되고 더 많은 혜택을 받으면서도 남자들에게 자꾸 더 많은 것을 바란다며 분노합니다. 한편 여자들은 지금까지 남자들의 세상에서 온갖 차별을 받아왔으며 지금도 역시 차별받고 있다며 분노합니다.

젊은이들은 나이 든 사람들은 지금까지 많은 혜택을 누려왔으면서도 그러한 혜택을 젊은이들과 나누려 하지 않는다며 분노합니다. 한편 기성세대는 자신들이 과거 얼마나 힘들게 고생해서 이만큼의 발전된 사회를 만들어냈는데, 젊은이들은 이에 대해 존경은커녕 감사조차 하지 않는다며 분노합니다.[1]

이렇게 우리 사회에는 저마다 억울하다며 분노하는 사람들로 넘쳐나고 있습니다. 하지만 정작 우리 사회에서 불평등을 만들어내는 구조적 진실은 외면한 채 주변에서 쉽게 혐오할 수 있는 대상들에 대해 맹목적으로 분노의 화살을 돌리고 있는 건 아닐까요?

정의의 여신인 디케(Dike)는 한 손에는 천칭 저울을 그리고 한 손에는 칼을 들고 있습니다. 천칭 저울은 공정함과 평등함을 그리고 칼은 부정의한 것에 대한 엄정한 처분을 의미합니다. 원래 디케는 눈을 가리고 있지 않았습니다. 엄정하게 뜬 눈으로 불편부당함 없이 사태를 바로 보겠다는 의지를 나타내지요. 하지만 사람들이 디케의 눈을 가렸습니다.

......................
1. 이에 관한 내용은 '혐오'에서 좀 더 다룰 것입니다.

1494년 스위스 바젤에서 출간된 르네상스 시대 최대의 베스트셀러 세바스티안 브란트(Sebastian Brant)의 《바보의 배(Das Narrenschif )》에서 71번째 바보는 정의의 여신 뒤에서 눈가리개를 씌웠습니다. 온갖 사소한 소송이 끊이지 않던 시기, 소송에서 이기길 바랐던 사람들이 원했던 것은 바로 정의의 여신 디케가 진실을 제대로 보지 못하는 것이었지요.[2] 우리가 가린 디케의 눈은 혹시 우리 자신의 눈도 함께 가리고 있는 게 아닐까요?

우리 사회의 정의를 구현하려면 두 눈을 똑바로 뜨고 무엇이 옳은지에 대해 끊임없이 탐구하고 성찰해야 합니다. 현실의 정의로움은 결코 특별한 능력을 가진 슈퍼히어로가 선물해줄 수 있는 게 아니니까요. 그런 건 그저 영화 속에나 존재하는 판타지일 뿐입니다. 누구나 인간으로서 존중받아야 하고 정당한 대우를 받을 수 있도록 우리 각자가 눈을 똑바로 뜬 채 불의에 저항하고 정의를 주장할 수 있을 때, 비로소 우리 사회는 정의로운 사회가 되지 않을까요?

### 넌 어떻게 생각하니?

사회에는 불의가 넘쳐나는데, 이를 자발적으로 해결하려는 노력보다는 슈퍼히어로 같은 존재가 나타나 대신 해결해주기를 기대하거나, 엉뚱한 대상에 분노를 표출하며 화풀이를 하는 것

--------

2. EBS 지식채널e "누가 디케의 눈을 가렸나" 참고

이 오늘날 우리 사회의 안타까운 단면입니다. 이제 다음 질문에 대해 자유롭게 생각해보고, 친구들과 함께 서로의 생각을 나누며 토론해보는 시간을 가져보면 어떨까요? 답이 정해진 질문이 아니므로 자유롭게 생각하고 마음껏 토론해보세요.

1. 지금까지 살아오면서 억울하다고 느낀 것이 있다면 무엇이고, 왜 억울하다고 느꼈나요?

2. '휘슬 블로어(Whistle-Blower)'라는 말이 있습니다. 직역하면 '호루라기를 부는 사람'입니다. 이는 자신이 속한 조직이나 공동체의 불의에 대해 양심의 가책을 느껴 고발하는 사람을 말합니다. 이런 사람들이 필요한 이유는 무엇이라고 생각하나요? 그리고 이들을 보호하기 위해 우리가 가져야 할 태도는 무엇일까요?

## 적과의 약속도
## 꼭 지켜야 할까?

학교에서 학원까지, 힘겨운 하루를 보낸 남학생 A군이 버스에 탔습니다. 온몸이 노곤한 가운데 올라탄 버스에는 빈자리가 딱 하나 남아 있었죠. A군은 망설임 없이 자리에 앉았습니다. 그런데 바로 다음 정류장에서 나이 든 할머니와 평소 호감을 갖고 있던 예쁜 여학생이 함께 버스에 올라 A군 옆에 서게 된 것입니다.

사실 A군은 평소 어르신들에게 자리를 양보해본 일이 거의 없었습니다. A군은 잠깐 동안 망설였지요. 그러고는 이내 옆에 계신 할머니에게 "할머니, 힘드시죠? 제 자리에 앉으세요."라고 멋있게 이야기하면서 자리를 양보해드렸습니다. A군의 양보에 대해 우리는 어떻게 판단해야 할까요?

평소에 호감을 갖고 있던 여학생에게 잘 보이고 싶은 마음에 자신이 얼마나 예의바른 학생인지 보여주려고 할머니에게 자리를 양보한 것이라면 A군의 의도는 분명 그리 순수해 보이지는 않습니다.

하지만 이유야 어쨌든 A군이 자리를 양보해준 덕분에 할머니는 편안하게 버스를 이용하실 수 있었을 테니 결과적으로 A군을 괜찮은 학생이라고 볼 수 있지 않을까요? 여러분은 어떻게 생각하나요?

## 레굴루스는 왜 적국으로 돌아갔나?

우리는 종종 어떤 행동이 옳은지 그른지, 정의로운지 정의롭지 않은지에 대해 판단을 내려야 할 때가 있습니다. 다음의 이야기는 무엇이 옳은 행동인지에 대해 좀 더 깊은 생각으로 우리를 이끌어줄 것입니다.

레굴루스(Marcus Atilius Regulus)라는 사람은 로마와 카르타고 사이에 일어난 제1차 포에니 전쟁[3] 때 로마 최고의 지도관인 집정관이었습니다. 그는 북아프리카 전선에서 싸우던 중 적에게 포로로 붙잡혔고, 그의 군대는 전멸을 당하고 맙니다. 이미 로마에게 충분히 겁을 주었다고 생각한 카르타고는 두 가지 조건을 내걸고 레굴루스를 풀어주었습니다. 첫째는 카르타고의 요구 조건을 수용하는 평화 조약을 체결하도록 로마 정부를 설득하라는 것이었고, 둘째로 만약 설득에 실패하면 카르타고로 다시 돌아오라는 것이었죠.

당시 로마는 카르타고의 예상대로 사기가 떨어질 대로 떨어진 상태였는데, 사실 로마의 의회였던 원로원은 카르타고의 요구 조건을 그대로 받아들일 작정이었습니다. 그런데 레굴루스는 카르타고 측

........................
3. 지중해 세계의 패권을 두고 벌어진 로마와 페키니아의 식민지인 카르타고와의 전쟁. '포에니'란 '페키니아인'을 가리키는 라틴어다.

에서 요구한 것과 달리 조약에 반대하는 연설을 합니다. 카르타고는 나이 들고 병든 병사가 많으니 힘을 모아 다시 공격한다면 반드시 로마가 승리할 것이라는 내용이었지요.

레굴루스의 열변과 애국심에 고무된 로마인들은 더욱 열심히 싸웠고, 마침내 카르타고와의 전쟁에서 승리를 거두게 됩니다. 하지만 레굴루스 자신은 약속대로 카르타고로 돌아가서 모진 고문을 당하고 생을 마감합니다. 카르타고로 돌아가지 말라며 그를 붙잡은 로마인들에게 레굴루스는 다음과 같은 연설을 했다고 합니다.

> 나는 카르타고로 돌아가면 반드시 죽을 거라는 것을 잘 알고 있습니다. 그렇지만 나는 나 자신의 목숨보다 로마인의 안위를 먼저 생각합니다. '그렇다면 도망가든지 그냥 로마에 있지 왜 카르타고로 가려 합니까?'라고 누가 묻는다면, '카르타고인들에게 돌아오겠다고 맹세했기 때문'이라고 대답할 것입니다. 나는 비록 적에게 한 맹세일지라도 절대 깨지 않습니다. 거기에는 여러 이유가 있겠지만, 가장 큰 이유는 맹세를 지키면 나 혼자만 재앙을 겪으면 되지만, 지키지 않을 경우에는 모두가 재앙에 빠지기 때문입니다.[4]

레굴루스는 적과의 약속을 지키며 숭고한 죽음을 택함으로써 로마

4. 김용규, 《도덕을 위한 철학 통조림1 매콤한 맛》, 김영사, 2006, 63쪽 참고

의 위상을 높인 위대한 지도자로 보입니다. 조국 로마가 전쟁에서 이기도록 하려는 명분으로 적국 카르타고와의 첫 번째 약속을 비록 어기기는 했지만, 두 번째 약속만큼은 지켜야 한다며 목숨을 걸고 적국으로 다시 돌아가는 기개를 보여주었으니까요.

그런데 레굴루스는 꼭 돌아가야만 했을까요? 그가 적국으로 돌아감으로써 로마는 결과적으로 훌륭한 지도자를 잃고 말았습니다. 훌륭한 지도자를 잃어버린다는 것은 결국 상대 적국에 이로운 셈이니 로마인 입장에서는 비도덕적 행위가 아닐까요? 당시 로마 사람들도 아마 이 문제로 갑론을박했을 것입니다.

### 도덕적으로 옳은 행위인지를 판단하는 기준은?

근대 윤리학의 기초를 만든 독일의 철학자 칸트에 따르면 어떤 행위가 도덕적으로 옳은 행위가 되려면 도덕법칙을 지키는 것이 나에게 주어진 의무라고 여기는 오직 선의를 바탕으로 한 행위만이 도덕적 행위가 될 수 있다고 합니다.

따라서 칸트의 입장에서는 처음에 언급한 남학생 A군의 자리 양보는 도덕적인 행위가 아닐 것입니다. 단지 호감을 가진 여학생에게 잘 보이려는 이기적인 목적 때문에 한 행동이므로 결코 선한 행위가 아니라고 판단했을 테니까요. 한편 적과의 약속이라도 자신이 한 약속이고, 개인적 이익과 손해에 대한 계산 없이 순수하게 약속을 지켜야 한다는 신념을 지킨 레굴루스는 도덕적으로 옳은 모습이라고 판단했을 것입니다.

어떻게 보면 칸트의 이러한 생각은 **도덕규범**과 원칙을 지키는 데 있어서 어떠한 예외도 인정하지 않았던 레굴루스처럼 꽉 막힌 고집불통처럼 여겨질지 모릅니다. 하지만 우리가 살아가는 세상에는 착하지도 않으면서 착한 척하는 위선과 이기적인 마음으로 상대를 이용하다가 쓸모가 없어지면 가차 없이 내쳐버리는 것들 때문에 너무나 많은 사람들이 힘들어하는 게 사실이죠. 우리에게 주어진 원칙만이라도 잘 지킬 수 있다면 조금이나마 더 살기 좋은 사회가 될 수 있지 않을까요?

예외를 자주 인정하다 보면 사람들은 저마다 자신만큼은 예외라는 마음을 키우게 될 수 있습니다. 그렇게 된다면 원칙 따위는 바보나 순진한 사람이나 지키는 거라고 생각해버리게 될지 모릅니다. 칸트는 바로 이런 문제가 발생하지 않도록 엄격하게 도덕원칙의 중요성을 이야기했던 게 아닐까요?

**넌 어떻게 생각하니?**

세상에는 의도가 그리 순수하지 못했지만 괜찮은 결과를 가져오는 일도 있고, 반면 선의가 슬픈 엔딩을 초래하는 경우도 많습니다. 이제 다음 질문에 대해 자유롭게 생각해보고, 친구들과 함께 서로의 생각을 나누며 토론해보는 시간을 가져보면 어떨까요? 답이 정해진 질문이 아니므로 자유롭게 생각하고 마음껏 토론해보세요.

1. 할머니께 자리를 양보했던 A군의 행동은 도덕적으로 선하다고 생각하나요?

2. 적과의 약속을 지키려고 적국으로 돌아간 레굴루스에게 어떤 이야기를 해줄 수 있을까요?

3. 도덕법칙이 의무이기 때문에 지켜야 한다는 철학자 칸트의 주장에 동의하나요?

다수의 이익을 위한
선택은 언제나 옳은가?

조금 전, 원칙과 소신을 지키기 위해 목숨마저 버린 레굴루스의 이야기를 했습니다. 이제부터는 비슷한 듯 다른 이야기를 이어가려고 합니다.

미국의 한 대형마트에서 사진현상을 담당하던 직원이 있었습니다. 그는 어떤 고객이 맡긴 사진을 인화하다가 이상한 사진 한 장을 발견했습니다. 사진 속에는 한 아이가 쓰러져 있었고, 그 주변으로는 술과 마약이 어지럽게 널려 있었습니다. 문제의 심각성을 느낀 직원은 곧바로 경찰에 신고했고, 즉시 출동한 경찰에 의해 아이는 무사히 구출되었습니다. 이 일로 그 직원은 아이를 구한 영웅으로 불리게 되었죠.

하지만 이 이야기 역시 해피엔딩은 아니었습니다. 왜냐하면 문제의 소지가 있는 사진은 먼저 회사 내의 사진 전문가와 상의한 후에 경찰에 신고해야 한다는 사내 규정을 어겼다는 이유로 그 직원이 해고를 당했기 때문이지요. 회사의 처분에 부당함을 느낀 그 직원은 법원에 소송까지 냈지만, 법원마저 해고가 정당했다며 회사의 손을 들어주게 됩니다.

## 원칙과 행위의 결과, 무엇이 우선인가?

아이를 구한 영웅이니 상을 줘도 모자랄 판인데, 도리어 멀쩡히 잘 다니던 회사에서 해고를 당한 것입니다. 게다가 법원에서도 이러한 해고는 정당하다고 판결했습니다. 이 정의감 넘치는 직원에게 잘못이 있다면 회사의 규정을 지키지 않았다는 것뿐입니다. 하지만 직원이 원칙에 얽매여 시간을 끄는 대신 발 빠르게 대처했기 때문에 결과적으로 위기에 빠졌던 아이를 신속하게 구할 수 있었습니다. 여기에서 우리는 어떤 행위의 옳고 그름을 판단하는 데 있어 원칙과 규칙을 우선해야 할지 아니면 행위의 결과를 우선하여 판단해야 할지에 대한 판단의 어려움과 마주하게 됩니다.[5]

이제부터 조금 더 심각한 문제로 접근해 볼까요? 그레고 조단 (Gregor Jordan) 감독이 만든 영화 〈언씽커블(2010)〉은 목적과 수단의 도덕성, 한 개인의 인권과 다수의 생명 중 무엇을 우선해야 할지에 대한 생각거리를 안겨줍니다.

영화에서 아랍출신의 전직 미국 핵무기 전담요원이었던 영거는 미국의 주요 도시에 핵폭탄을 설치하지만 곧 체포되고 말죠. 72시

---

5. JTBC,차이나는 클라스 5회, 김형철 교수 "정의가 뭐지?1"내용 참고

간 후면 폭발하게 될 핵폭탄의 소재를 알아내기 위해 고문전문가 H가 영거를 잔인하게 고문하기 시작하자 함께 수사에 참여하던 FBI 요원 브로디는 영거에 대한 비인간적 고문에 반발하며 H와 격렬하게 대립하게 됩니다. 브로디와 H 모두 72시간 후면 폭발하게 될 핵폭탄의 위치를 알아내야 하는 공통의 목표를 가지고 있습니다. 하지만 다수의 생명을 구하는 정의로운 목표를 이루기 위해서 한 인간에게 비인간적인 고문을 가할 수 있는지에 관한 가치관의 차이로 갈등이 심화됩니다.

한 사람의 인권과 존엄성을 절대적으로 지켜야 한다는 도덕원칙은 언제나 정당할까요? 이에 대해 우리는 공리주의가 제시하는 관점을 살펴볼 필요가 있습니다. 공리주의란 다수의 사람에게 이익이 돌아가게 하는 것이 올바른 도덕성의 조건이 된다고 보는 입장으로 아마도 여러분은 '최대다수의 최대행복'이라는 문장으로 기억하고 있을 것입니다. 대표적으로 제레미 벤담(Jeremy Bentham)과 존 스튜어트 밀(John Stuart Mill)이라는 학자가 주장한 이론이지요.

공리주의에서도 거짓말은 도덕적으로 옳지 않다고 봅니다. 왜냐하면 거짓말 또는 사기와 같은 행위를 하게 되면 결과적으로 사회 전체에 불이익이 돌아갈 수 있으니까요. 더불어 '어려움에 처한 사람을 도와야 한다', '남에게 손해를 끼쳐서는 안 된다', '언제나 공정해야 한다' 등 정직, 성실, 배려와 같은 규범들도 그 자체로 선한 것이 아니라, 그러한 규범이 사회 전체에 도움을 주기 때문에 가치 있는 것이라고 주장합니다.[6] 결국 도덕적으로 옳은 것은 도덕 그 자체로서 옳은 것이 아니라, 그 결과가 다수에게 이익을 주기 때문이라는 것이 공리주의의 주된 관점임을 알 수 있습니다.

이러한 측면에서 본다면 한 아이의 소중한 생명을 구하기 위해 원칙을 깬 마트 직원은 도덕적으로 옳은 행위를 한 것이며, 범죄자 하나를 잔인하게 고문해서라도 폭탄의 위치를 찾아내 무고한 수많은 사람들을 구하려는 H의 행동 역시 정당하다고 말할 수 있을 것입니다. 그렇다면 정말로 다수의 이익을 위해서라면 개인의 존엄성과 인권을 침해해도 정당한 걸까요?

### 대의를 위해서라면 소수의 희생은 당연한가?

여러분의 생각을 돕기 위해 또 다른 이야기를 하나 더 소개하려 합니다. 일본의 마세 모토로(間瀬元朗)라는 작가의 《이키가미》라는 만화가 있습니다. 주요 내용은 다음과 같습니다.

어느 가상의 나라가 있습니다. 범죄와 자살률이 높고 사회의 생산성이 현저히 낮아지자 정부는 「국가번영유지법」을 제정하게 되지요. 이 법률에 의하면 초등학교에 입학하는 모든 아이들은 의무적으로 주사를 접종해야 합니다. 단 주사를 맞은 아이들은 1000분의 1 확률로 18~24세 사이에 특수 나노캡슐이 심장으로 들어가 파열함으로써 사망하게 됩니다. 하지만 접종 당시에는 누가 이 캡슐을 맞았는지 모릅니다. 따라서 혹시 내가 1000명 중 1명이 아닐까

6. 김용규 같은 책, 30쪽 참고.

하는 위기감을 가진 채 살아가야 하죠.

그런데 그 위기감은 생명의 가치를 다시 한 번 더 돌아보게 만들어 사람들이 삶을 더욱 열심히 살게 만들었으며, 결과적으로 사회전체의 자살과 범죄 건수가 줄어들었고, 국민소득도 크게 증대되었습니다. 국가는 죽음이 예정된 사람이 죽기 24시간 전에 '이키가미'를 통해 죽음이 예정되었다는 사망예고증을 발부합니다. 그리고 이사망예고증을 받은 사람은 24시간 동안 그 예고증으로 뭐든 구입할수 있습니다. 더불어 사후에는 유족들에게 연금도 지급되지요. 그리고 대상자가 죽은 다음에는 나라를 위한 명예로운 죽음으로 간주해 국가적으로 추모됩니다. 그 대신에 만약 이러한 국가의 정책에반대하는 사람은 퇴폐사상자로 분류되어 체포와 함께 장기간 구금을 당하게 됩니다.

비록 만화의 내용이지만, 참으로 섬뜩한 이야기가 아닐 수 없습니다. 다수의 사람들이 잘 살아갈 수 있다면 소수의 희생 정도는 얼마든지 정당화할 수 있다는 이러한 국가 정책은 과연 허용될 수 있을까요? 게다가 국가가 제도적으로 이를 강제 집행하고, 이에 반대하는 사람들을 퇴폐사상자로 분류하여 처벌까지 하는 것은 아무리생각해도 상식적으로 정당화되기는 어려워 보입니다.

한 국가가 자국의 이익만을 최대의 목적으로 삼게 되면 국민 개개인의 생명과 존엄성은 하찮은 수단으로 전락하고, 그러한 국가는전체주의로 흐르게 될 게 뻔합니다. 혹시 2차 세계대전 때 활동했던 일본의 전투기자살특공대인 '가미카제(神風)'에 대해 들어본 적이 있나요? 폭탄이 장착된 비행기를 몰고 자살 공격을 감행한 특공대원 대부분은 일본 최고의 청년 엘리트들이었다고 합니다. 하지만 아무리 지적으로 뛰어나다고 해도 개인보다 국가의 위대함만 강조하게 되면 그들 또한 전체주의의 희생양이 될 수 있다는 사실을 우리는 바로 보아야 합니다.

물론 한 사회가 유지되고 발전하기 위해, 더불어 한 공동체가 겪고 있는 심각한 문제를 해결하기 위해서 때로는 누군가의 희생과 헌신이 꼭 필요하기도 합니다. 예컨대 세계적으로는 마더 테레사나 마틴 루터킹, 간디 등, 우리나라의 경우 도산 안창호, 유관순 등 수많은 독립 운동가들이 계셨기에 한 사회가 위기를 극복하고 앞으로 한 발 더 나아갈 수 있었으니까요.

그렇다면 그들의 희생은 과연 강요될 수 있을까요? 공리주의적 관점에서는 그들의 희생을 강요할 수 있는 여지가 있습니다. 하지만 그들의 희생이 강요될 수 없는 것이라면 어떻게 정당화될 수 있을까요? 뒤에 이어질 공동체의식이나 개인주의에서도 다루겠지만, 누군가의 희생이 정당화되려면 그 누구도 아닌 그 사람 본인의 자발적인 선택이 우선시되어야 하며, 그 선택을 통해 다수가 이득을 보았다면 공동체는 그에게 제대로 보답할 수 있는 길을 찾아야 할 것입니다.

따라서 나라를 위해 자발적으로 목숨을 헌신한 독립운동 유공자와 그의 후손들에게 우리 사회가 어떻게 대우해야 하는지는 더욱 자명해졌다고 할 것입니다. 그것이 국가와 공동체를 위한 그들의 희생에 조금이나마 보답하는 길이겠지요. 아울러 이후 국가와 공동체 발전을 위한 개개인의 자발적이고 진정한 협력도 기대할 수 있지 않을까요?

대의를 위한 선택이 때론 한 개인에게는 불행을 가져오는 경우도 있습니다. 다만 중요한 건 누구도 그 희생을 강요할 순 없다는 점입니다. 이제 다음 질문에 대해 자유롭게 생각해보고, 친구들과 함께 서로의 생각을 나누며 토론해보는 시간을 가져보면 어떨까요? 답이 정해진 질문이 아니므로 자유롭게 생각하고 마음껏 토론해보세요.

1. 직원을 해고한 회사와 이를 정당하다고 판단한 법원은 과연 부정한 판단을 내린 것일까요? 어떻게 생각하나요?

2. 어떤 모임에서 궂은일을 도맡아 해줄 대표를 정해야 하는데, 아무도 그 자리를 원하지 않습니다. 이때 어떤 사람이 한 사람을 지목하고 분위기를 몰아가면서 다 같이 동조하여 그 사람이 대표가 되도록 만들 때가 있습니다. 이러한 결정이 갖고 있는 문제점은 무엇이라고 생각하나요?

우리 안에 살고 있는
괴물에 관하여

조금 독특하달까? 어떤 의미로든 유별나서 다른 친구들과
섞이지 못하고 겉도는 아이들을 학교에서도 종종 볼 수 있습니다.
그들의 남들과 다른 태도와 모습 때문에 그저 거리를 두고 가까이
하지 않는 친구도 있지만, 대놓고 무시하거나 차별하는 친구들도
있습니다. 그러곤 모든 건 그 애의 탓이라며 자신의 태도나 행동을
합리화합니다. 문제가 더 심각해지면 아예 집단 따돌림과 같은 학
교폭력으로 발전하기도 합니다. 이러한 문제는 지금도 학교와 사회
곳곳에서 여전히 진행 중이지요. 혹시 여러분은 자신과 다른 부류
의 사람들을 어떻게 대하나요?

### 이방인에 대한 혐오를 싹 틔운 집단 이기주의

지구상에는 70억 이상의 인구가 살아가는 만큼 정말 다양한 사람들
이 존재합니다. 여러분의 주변을 살펴보더라도 다양한 성격과 독특

한 개성과 취향을 가진 사람들이 있다는 걸 쉽게 확인할 수 있을 것입니다. 우리 사회는 이렇게 서로 다른 사람들이 서로 뒤엉키며 살아가고 있습니다. 하지만 우리는 다른 사람에 대해 언제나 관대한 자세를 취하고 있지는 않습니다.

우리 인류는 자신과는 다른 특성을 지닌 사람에 대해 어떤 태도를 취해왔을까요? 사실 다른 집단에 속한 사람들에 대해서는 일차적으로 거부하는 태도를 취해왔습니다. 오래전 인류가 소수 집단생활을 할 때도 다른 부족이 들어오려 하면 일단 경계했지요. 왜냐하면 자기 집단이 가진 면역력으로 막을 수 없는 새로운 질병이 유입될 가능성이 있었으니까요. 만약 이러한 일이 발생한다면 수많은 사람을 떼죽음으로 몰아가게 됩니다. 실제로 유럽인들이 아메리카 대륙의 원주민을 제압할 수 있었던 이유 또한 아메리카 원주민들에게 퍼진 외래 질병 때문이었습니다.

이러한 상황들이 쌓이며 만들어진 외부인 혐오증은 오직 자기 공동체만을 소중히 여기는 집단주의를 강화시켜왔으며, 결과적으로 나와 다른 공동체에 속한 사람들에 대한 혐오를 키우게 만들었죠. 이러한 내 집단 우선주의는 오늘날에도 매우 다양한 형태로 변조됩니다. 자민족중심주의, 국가주의, 전체주의 등이 20세기에 만들어진 집단주의라면 최근에는 복잡하게 발달한 사회 환경과 더불어 좀 더 다양한 집단혐오문화가 만들어졌습니다. 예컨대 성별, 계층, 지역, 종교, 인종, 민족, 정치 성향, 성적 지향, 세대 등 다양한 영역과 집단 사이에서 분열과 증오가 넘쳐나게 되었죠.

최근 '충', '꼴', '빠' 등 혐오와 차별을 담은 신조어들이 빠르게 퍼져 나가고 있습니다. 맘충, 급식충, 한남충, 일베충, 꼴페미, 꼴보수, 얼빠, 빠순이 등 특정 집단에 대한 지독한 편견과 혐오를 드러내는 표현으로 얼룩진 악플들을 우리의 일상에서 쉽게 마주할 수 있습니다. 이쯤 되면 우리 사회도 혐오사회라고 부를 수 있지 않을까요? 《혐오사회》의 저자 카롤린 엠케(Carolin Emcke)는 "뭔가 다른 점이 있다고 괴물로 취급하는 모든 곳, 바로 거기서 증오에의 공모가 일어난다."고 말합니다.

2018년 제주도에 들어온 예멘 난민은 우리와 삶의 공간을 공유하려는 외국인을 우리가 어떻게 대해야 할지에 대해 생각해보게 합니다. 아직까지 이들을 어떻게 받아들여야 할지에 대해 내부 합의가 마련되지 않은 상황에서 이들을 인도적으로 받아들여야 한다는 입장과 우리의 세금과 일자리를 좀먹고 각종 범죄로 우리의 삶까지 파괴할 게 뻔하니 절대 받아들이면 안 된다는 집단혐오의 입장이 동시에 충돌하는 양상입니다.

### 나와 다른 사람을 만나는 올바른 태도

우리는 나와 다른 집단의 사람들과 어떻게 만나야 할까요? 이에 대한 가장 이성적인 답변은 아마도 관용이 아닐까요? 관용이란 사전적 의미로 '남의 잘못을 너그럽게 받아들이거나 용서한다'라는 뜻입니다. 관용이 영어로는 'tolerate'인데, '참다, 견디다'의 의미에서 온 말이지요. 결국 관용이란 나 자신은 비록 그렇게 생각하지 않고 반대하지만, 그럼에도 불구하고 받아들이고 수용하는 자세를 의미합니다. 또한 거부하고 막을 수 있는 힘이 있음에도 이를 허용하고 받아들이겠다는 자세를 말하지요.

그런데 우리는 왜 나와 다른 사람을 인정하고 받아들여야 할까요? 먼저 우리는 어느 누구도 완전한 존재가 아니기에 나의 주장이 언제나 옳은 것이 아니라는 점을 기억해야 합니다. 나의 생각과 판단만이 절대적으로 옳다고 여기는 곳에서는 올바른 민주주의가 뿌리내릴 수 없습니다. 아마 전체주의 사회가 되어버리겠지요.

나의 생각은 언제든 틀릴 수 있기 때문에 무엇이 옳은 판단이고 가치인지 서로 만나 대화하고 함께 찾아나가야 합니다. 그렇게 할 때 우리 사회도 좀 더 나은 사회로 발전할 것입니다.

다음으로 기억해야 할 것은 인간은 자기 삶을 살아가는 존엄한 존재이며, 이는 나와는 생각과 태도가 다른 사람 또한 마찬가지라는 점입니다. 따라서 내 삶의 태도와 방식이 존중받기를 바라는 것처럼 다른 사람의 생각과 태도 그리고 그들의 문화와 역사적 경험도 존중해주어야 합니다. 인간의 존엄성은 서로 지키려고 노력할 때 비로소 보호를 받을 수 있으니까요.[7]

우리나라에 들어와 있는 난민들은 하늘에서 우리나라로 뚝 떨어진 존재가 아닙니다. 영국의 사회비평가인 존 버거(John Berger)는 그의 책 《제7의 인간(A Seventh Man)》에서 이민자들에게도 태어나

......................
7. 웅진환 외, 《논쟁하는 정치교과서2》, (신인문화, 2016), 4장 참고

고 자란 고향이 있으며, 낳아준 엄마가 있고, 함께 자란 친구들이 있는 사람들이라고 말합니다. 다만 현재 그들의 고향은 돌아갈 수 없는 불행한 형편에 놓여 있을 뿐이지요. 더불어 외국인 노동자들을 무조건 무능하거나 위험하다고 업신여기는 것은 낯선 땅에서 살아갈 수밖에 없는 그들의 어려운 처지를 전혀 감안하지 않은 성급한 판단일 수 있습니다.

### 나의 분노는 올바른 방향을 향하고 있는가?

엠케는 서로의 다름을 받아들이지 않고, 균일한 잣대를 남에게 휘두르는 데서 혐오사회가 시작된다고 말합니다. 내가 속한 집단에서 만들어진 가치와 규범만 절대적인 것으로 여기면 나와 다른 생각과 태도를 가진 외부인을 너그럽게 수용할 만한 마음의 여유를 가질 수 없는 법이죠.

이제 우리 스스로 다른 사람과 다른 집단에 대해 가지고 있는 혐오나 분노가 과연 정당한 것인지 성찰해볼 때입니다. 어쩌면 그 혐오나 분노의 원인은 다른 곳에 있을지 모릅니다. '종로에서 뺨 맞고 한강에 가서 눈 흘긴다'라는 속담처럼 혹시 엉뚱한 대상에 화풀이를 하고 있는 건 아닌지 생각해봐야 하지 않을까요?

예컨대 회사에서 상사에게 시달리거나 갑질하는 거래처에서 실컷 수모를 당한 사람이 집에 돌아와 가정폭력을 행사한다거나 인터넷에 악플을 다는 것으로 그 스트레스를 해소한다면 어떨까요? 또한 엄청난 스펙에 대한 사회적 요구와 날로 좁아지는 취업문, 경제적 불안과 압박감으로 인해 점점 더 설 자리를 잃어가는 청년들이 그 끓어오르는 분노의 화살을 이성(異性) 또는 나이 든 세대에게 돌리며 서로를 혐오하는 데 분노의 에너지를 발산하고 있다면 이것이 과연 정당할까요?

물론 분노가 무조건 나쁜 것은 아닙니다. 오히려 부정의와 부당함에 대해서는 분노할 수 있는 용기가 필요하지요. 다만 중요한 것은 분노의 방향일 것입니다. 젊은 세대는 나이 든 세대를, 나이 든 세대는 젊은 세대를 향해 표출하는 분노가 과연 올바른 방향을 향하고 있는지 함께 생각해봐야 할 때입니다. 그렇게 하지 않으면 우리는 집단분노가 가져올 값비싼 대가를 언젠가 꼭 톡톡히 치르게 될 테니까요.

### 넌 어떻게 생각하니?

최근 우리 사회는 온갖 '혐오'들이 넘쳐나고 있습니다. 게다가 혐오를 표현하는 방식 또한 날이 갈수록 노골적이고 과격해지는 양상입니다. 혹시 엉뚱한 곳에 분노를 쏟아내고 있는 것은 아닌지 우려가 되기도 합니다. 다음 질문에 대해 자유롭게 생각해보고, 친구들과 함께 서로의 생각을 나누며 토론해보는 시간을 가져보면 어떨까요? 답이 정해진 질문이 아니므로 자유롭게 생각하고 마음껏 토론해보세요.

1. 관용은 내가 받아들일 수 없는 것을 받아들이고 인정해야 하는 것입니다. 그렇다면 혹시 나의 진정한 모습이 사라지지는 않을까요?

2. 나와 생각과 태도, 행동 등 너무도 달라 가까이 하고 싶지 않은 친구가 나와 같은 모둠원이 되었습니다. 나는 어떤 태도를 취해야 할지 생각해 봅시다.

3. 권력을 가진 집단이 더욱더 관용의 자세를 가져야 하는 이유는 무엇이라고 생각하나요?

너만 자유로운 건
너무 불평등해!

여러분도 '불금'이라는 말을 알 것입니다. 액면 그대로는 불타는 금요일 밤을 뜻하는데, 꿀맛 같은 주말을 맞아 힘겨웠던 주 중의 노동을 뒤로하고, 한 주의 시름을 깡그리 잊을 만큼 신나게 불태워 보자는 구호일 것입니다. 빠르게 변화하는 현대 사회를 살고 있는 우리 모두가 그만큼 힘들게 공부하고 노동을 하며 하루하루를 고단하게 살아가고 있다는 뜻이 아닐까요? 이러한 고단함은 학생들에게는 더 나은 미래를 위해, 어른들에게는 먹고 살기 위해 어쩔 수 없는 선택일 것입니다.

그런데 과거에는 선택이 아니라 운명적으로 1년 365일 평생을 고단한 노동에 매어 살아야 했던 사람들이 있었습니다. 말하자면 자신의 자유의지와 별개로 온종일 노동에 동원되고, 심지어 멸시와 학대 속에서 평생을 차별받으며 살아야 했던 이들, 사람들은 이들을 가리켜 '노예'라고 불렀습니다.

## 당신은 진정 자유로운 삶을 살고 있나요?

노예들은 자신의 의지와 상관없이 인신(人身)상의 자유를 제한받았습니다. 자신의 뜻과 무관하게 누군가에게 팔려나가기도 하고, 인간 이하의 취급이나 모욕을 당하기 일쑤였죠. 심지어는 사소한 잘못에도 끔찍한 체벌을 당하는 일이 다반사였습니다. 이러한 오랜 부당함을 견디다 못한 노예들은 결국 폭발해버리고 말았습니다. 분노한 노예들이 모든 인간은 차별 없이 평등해야 한다고 주장하며 반란을 일으킨 것입니다. 그리고 그 과정에서 이루어진 진압과 투쟁의 기나긴 역사는 동서양 모두에 있어 중요한 페이지들을 차지하고 있습니다.

누군가에게는 모욕이었던 부당한 신분제도는 이제 인간의 존엄성에 대한 인식과 함께 점차 역사 속으로 사라졌습니다. 모든 인간이 존엄하다는 생각은 스스로 자신의 삶을 선택하고 영위할 수 있어야 한다는 '자유'에 대한 인식의 확장과 함께 성장해왔습니다. 다른 사람의 요구나 명령이 아닌 자신의 삶에 주인으로서 주체적인 삶을 살아가야 한다는 자유는 이제 당연한 규범처럼 받아들여집니다. 1948년 12월 10일 유엔총회에서 제정된 세계인권선언은 우리에게 시사하는 바가 큽니다. 세계인권선언 제2조를 살펴보면 다음과 같은 내용이 있습니다.

> 모든 사람은, 인종, 피부색, 성, 언어, 종교, 정치적 견해 또는 그
> 밖의 견해, 출신 민족 또는 사회적 신분, 재산의 많고 적음, 출생

또는 그 밖의 지위에 따른 그 어떤 구분도 없이, 이 선언에 나와 있는 모든 권리와 자유를 누릴 자격이 있다.

자유에 대한 깊은 사유(思惟)를 보여준 독일의 철학자 칸트는 《실천이성비판》에서 "자유는 어떤 상태를 자기 자신으로부터 개시하는 능력"이라고 정의합니다. 자유(自由)의 한자풀이와도 같은 맥락이라고 볼 수 있습니다. 결국 자유란 현재 상태를 개선하고 자신이 원하는 것을 이루기 위해 스스로 시작할 수 있는 능력입니다.

그런데 자신의 삶을 스스로 만들어갈 수 있는 자유가 있다고 선언한다고 해서 누구나 이러한 자유를 누리며 살아갈 수 있는 것은 아니죠. 법에 명시되어 형식적으로 자유가 보장된다고 한들 누군가는 자신이 처한 상황과 여건이 이를 받쳐줄 힘이 없기 때문에 자유는 그저 법률에만 존재할 뿐 제대로 누릴 수 없습니다.

### 진정한 평등을 실현하기 위한 길은?

누군가는 마음껏 자유를 누리는데, 누군가는 여건이 되지 않아 그럴 수 없다면 그럴 수 없는 쪽은 분명 자신의 처지를 비관하거나 불평등하다고 여길 것입니다. 이러한 불평등은 어떻게 개선할 수 있을까요? 이제 우리의 논의는 평등이란 무엇인가로 넘어가야 합니다. 평등이란 무엇일까요? 평등에 대한 논의는 크게 세 가지로 이루어져 왔습니다. 먼저 모든 사람이 평등하게 사회적 자원에 접근할 수 있도록 해야 한다는 기회의 평등이 있습니다. 하이에크

(Friedrich August von Hayek)와 같은 자유주의자도 인정하는 이러한 관점은 동등한 기회를 부여하되 결과에 대해서는 인정하고 받아들여야 한다는 입장입니다. 능력이나 노력을 더 많이 기울인 사람이 취득한 것에 대해서는 사회적으로도 인정하고 존중해야 한다는 뜻입니다.

하지만 아무리 기회가 동일하게 주어져도 자신이 처한 사회적 여건과 조건이 그러한 기회에 아예 접근 자체를 허용하지 않는다면 평등은 그저 선언적인 수준에 머물고 말 것입니다. 이러한 문제를 해결하기 위해 기회에 접근할 수 있는 조건을 평등하게 해야 한다는 **조건의 평등** 관점이 등장합니다. 누구나 학교에 다닐 수 있다고 해도 학교에 다닐 때 필요한 경제적 여건이 안 되는 사람이 있다면 그들이 다른 걱정 없이 학교에 다닐 수 있도록 제도를 만드는 것은 조건의 평등 관점에 입각한 정책이라고 할 수 있지요.

그러나 조건의 평등을 통해 기회를 얻었다고 해도 모든 사람이 성공적 삶을 살 수 있는 건 아니므로, 결과적으로 모두가 인간다운 재화를 얻을 수 있는 건 아닙니다. 그렇기에 성공과 실패 여부와 상관없이 누구나 인간다운 삶이 가능하려면 그러한 삶을 가능하게 하는 기본적인 재화를 우리 사회가 제공해야 할 것입니다. 이러한 관점을 **결과의 평등**이라고 합니다. 우리가 알고 있는 다양한 복지 정책들은 바로 이러한 조건의 평등관과 결과의 평등관에 근거한 것입니다.

노벨 경제학상을 받은 인도의 경제학자 아마티아 센(Amartya

Sen)은 여기에서 더 나아가 역량의 평등을 주장했습니다. 그에게 역량이란 인간이 가진 능력을 발현할 수 있는 잠재성을 말하며, 그러한 잠재성을 발현하려면 그가 가진 경제적 여건과 더불어 교육적 차원에서 자신의 가능성을 제대로 발현하도록 함으로써 성공적인 삶을 가능하게 해주는 것을 의미합니다.

이러한 평등의 조건들, 즉 기회의 평등, 조건의 평등, 결과의 평등 나아가 역량의 평등까지 이루어내려면 어떻게 해야 할까요? 사회에서 이러한 조건을 정책적으로 결정하고 만들어내는 공적 의사 결정 과정에 우리 스스로 적극 참여할 수 있어야 합니다.

독일의 철학자 하버마스(Jürgen Habermas)는 자유를 신앙과 양심, 생명과 재산 같은 사적 자유와 시민들이 공동체 속에서 의사소통을 통해 결정에 참여하는 공적 자유로 구분했습니다. 그리고 이 둘은 서로 전제되는 것으로 사적인 자유가 보장을 받으려면 공적 자유에 참여할 수 있어야 한다고 말합니다. 아무리 개인이 자유롭고자 해도 제도와 정책이 그러한 조건을 만들어주지 않는다면 자유는 그저 메아리처럼 허무하게 사라져버릴 뿐이니까요.

우리가 평등을 이야기한다는 것은 어떻게 하면 모든 사람들이 차별 없이 자유를 누릴 수 있는지에 대한 문제의식에서 나온 것입니다. 인간답게 살아가기 위해 가장 중요한 것은 자유이고, 이러한 자유가 평등하게 구현되는 것이야말로 자유가 제대로 실현되도록 하는 데 있어 가장 중요한 방안이 아닐까요? 결국 자유와 평등은 서로 떨어질 수 없는 상호 보완적 개념인 것입니다.

각자가 처한 여건이나 상황에 따라 자유도 함께 제한된다면 진정 평등한 사회라 할 수 없을 것입니다. 여기에서는 평등을 실현하기 위한 몇 가지 논의를 다루었습니다. 이제 다음 질문에 대해 자유롭게 생각해보고, 친구들과 함께 서로의 생각을 나누며 토론해보는 시간을 가져보면 어떨까요? 답이 정해진 질문이 아니므로 자유롭게 생각하고 마음껏 토론해보세요.

1. 어떤 학생이 친구들 사이에서 대유행하는 옷을 따라 입고 싶은 마음에 유행하는 옷을 스스로 사 입었습니다. 그렇다면 이 학생은 자유의지로 옷을 구입했다고 볼 수 있을까요?

2. 사회심리학자인 에리히 프롬(Erich Pinchas Fromm)은 사람은 자유로부터 도피하려는 경향성이 있다고 합니다. 스스로 선택하고 책임져야 하는 것의 부담으로 인해 자유를 버거워한다는 뜻이지요. 그런데 이러한 이유로 모든 사람들이 자유로부터 도피하고 자기 대신에 결정을 해줄 강력한 존재를 찾게 된다면 우리 사회는 어떻게 될까요?

3. 복지 정책의 중요한 근거가 되는 '조건적 평등'과 '결과적 평등'은 어떤 면에서 보면 열심히 노력한 사람들의 결과를 빼앗아버리는 것이기 때문에 그들의 자유를 제한하는 것으로 볼 수 있습니다. 이러한 주장에 대해 어떻게 생각하나요?

# '헬조선'이라는 조롱 속에 비친
# 슬픈 우리 공동체

인간은 혼자서 살아갈 수 없습니다. 혹시 앞서 소개했던 배구공 윌슨을 친구 삼아 외로운 무인도 생활의 위안을 받으려 했던 척의 이야기를 기억하나요? 이는 인간에게 관계가 얼마나 중요한지, 또 인간이 얼마나 관계를 갈망하는지 잘 보여줍니다.[8]

그런데 사람은 왜 다른 사람을 필요로 할까요? 다른 동료와 함께하지 않으면 생존마저도 위태로웠던 우리 인류의 조상들은 옆에 있는 동료들과 협력함으로써 생존 가능성을 높여왔습니다. 즉 공동으로 사냥을 해서 식량을 구했고, 공동으로 적과 맞서면서 자기 집단과 가족을 지켜낼 수 있었지요. 혹시 이러한 생각이 너무나 강렬하게 각인된 것일까요? 현재까지도 공동체의 필요성은 마치 몸속 유전자 어딘가에 깊이 새겨진 것처럼 우리 모두에게 남아 있습니다.

---

8. 인간에게 있어서 '관계'의 의미는 이미 생각연습 1에서 다룬 바 있다.

## 함께하려는 것은 인간의 중요한 욕구

공동체 속에서 살아가고 싶어 하는 인간의 특성은 심리적인 욕구이론에서도 찾아볼 수 있습니다. 이미 앞에서도 언급했지만, 미국의 심리학자 매슬로우는 인간의 욕구를 5단계로 나누었습니다. 먹고 자는 것과 같은 생리적 욕구가 충족되면 안전하게 지내고자 하는 안전의 욕구가 충족되어야 합니다. 안전이 보장되면 사람들은 이제 다른 사람들과 함께 지내며 그 안에서 소속감을 느끼고자 하는 소속감과 애정의 욕구를 충족시키고자 합니다. 이처럼 공동체 안에서 살아가고자 하는 인간의 욕구는 마치 떨쳐낼 수 없는 일종의 숙명처럼, 존립의 기반처럼 간주됩니다.

이러한 이유로 개인에 앞서 공동체를 우선 강조하는 공동체주의 사고(思考)는 동서고금을 막론하고 쉽게 찾아볼 수 있습니다. 공동체주의는 개인을 사회로부터 독립된 존재로 보지 않습니다. 개인은 공동체 안에서 성장하고, 공동체 안에서 자신의 삶을 만들어가야 비로소 완전한 존재로 인정받을 수 있다는 거죠.

이처럼 공동체주의는 개인보다 공동체의 가치를 중요시하다 보니 개인에게는 공동체의 유지와 존속에 도움이 되는 공동체에 대한 헌신, 공동체에 대한 충성, 공동체에 대한 협력, 공동체를 위한 희생과 같은 가치들이 강조되었습니다. 그리고 이는 아주 오랫동안 자연스러운 것으로 받아들여졌습니다. 이러한 가치를 위해 스스로를 희생하는 사람들이 공동체의 영웅으로 추앙받았고, 이러한 정신이 후손들에게 전승되었습니다. 과거의 수많은 위인과 영웅들의 이야기는 바로 이러한 맥락 속에서 만들어지고 공유되어왔다고 할 수 있지요.

하지만 기독교와 봉건 신분제로 유지되어오던 서구의 중세 공동체는 근대사회에 접어들며 심각한 위기를 맞게 됩니다. 공동체 안에 개인의 존재를 규정하던 종래의 관습에 맞서 그러한 공동체 이전에 독립된 주체로서 개인의 존엄을 우선시하는 개인주의가 시대적 흐름으로 받아들여졌던 것입니다.

하지만 공동체주의자에게 개인주의는 마치 사회를 분열시키고 소중히 지켜야 할 공동체의 모든 규범과 가치를 부정하는 것으로 여겨졌습니다. 이러한 이유로 20세기에 등장한 공동체주의는 공동체의 구성원들이 공동체가 추구하는 도덕적 가치를 내면화한 공동체적 자아를 만들어가야 한다고 강력하게 주장하게 됩니다.

우리나라에서 《정의란 무엇인가?》로 유명한 마이클 샌델(Michael J. Sandel) 교수는 인간은 자신이 속한 집단과 공동체에서 벗어날 수 없으며, 그 안에서 자신의 모습을 만들어간다고 보았습니다. 인간을 연고에 기반한 '연고적 자아(embedded self)'를 가진 존재로 본 거죠. 이에 근거해 샌델 교수는 공동체가 추구하는 미덕을 키우고 공동선을 추구하는 삶을 살아야 한다고 주장합니다.

### 공동체의식이 이기적 광기로 돌변하는 순간

공동체가 인간 생존을 위해 없어서는 안 될 소중한 단위임을 부정할 순 없습니다. 하지만 공동체주의에서 개인보다 공동체를 더 강조하게 될 때 자칫 개인의 존엄성은 심각한 위협을 받을 수 있습니다. 우리는 역사적으로 통제되지 않는 공동체주의가 광기에 사로잡힌 집단주의로 이어진 사례를 수없이 목격해왔습니다. 이는 1976년 미국의 캘리포니아 쿠벌리(Cubberly) 고등학교의 역사 교사인 론 존스(Ron Jones)가 그의 학생들과 5일간에 걸쳐 진행했던 실험을 통해서도 재확인되었습니다.

론 존스는 그의 수업시간에 학생들에게 2차 세계대전에서 독일인들에 의해 유대인들이 집단학살을 당한 '홀로코스트'에 관한 영상을 보여주었습니다. 이 영상을 본 학생들은 다음과 같은 질문을 던졌습니다.

> "나치는 겨우 10%에 불과했는데, 왜 90%의 독일 시민들은 홀로코스트를 막지 않았나요?"
>
> "어떻게 독일 시민들은 대량학살에 대해 전혀 몰랐다고 증언할 수 있죠?"

이에 대한 답을 찾기 위해 30명의 학생들을 대상으로 실험을 진행하게 된 것입니다. 첫째, 새로운 물결을 일으키는 '파도'라는 공동체의 상징을 만들었습니다. 둘째, 공동체만의 구호와 경례를 만들었습니다. 셋째, 공동체의 정체성과 통일성을 유지하는 공동체의 회원증을 만들었습니다.

그런데 이후 학생들의 반응은 다음과 같았습니다.

"선생님, 어디에 소속된 느낌이 정말 좋습니다."

"마치 새로 태어난 것 같습니다."

"우리 '파도'가 정말로 자랑스럽습니다."

그런데 학생들의 반응은 여기서 멈추지 않았습니다. '파도'라는 공동체에 소속된 느낌에 한껏 몰입해버린 학생들은 자신들의 집단을 더욱 확대하기 위해 후배들을 협박하고 회유했습니다. 심지어 폭행까지 서슴지 않게 된 것입니다.[9]

이 실험은 나치가 어떻게 선량한 시민들로 하여금 집단을 위한다는 명분하에 다른 집단에 속한 무고한 개인들의 자율성과 존엄성을 가차 없이 파괴하도록 만들었는지를 여실히 보여줍니다. 바로 이러한 광기 어린 집단주의가 600만 명의 유대인을 사지로 몰아갔던 게 아닐까요?

우리나라 또한 아주 오래전부터 집단을 중요시하는 태도를 지켜왔습니다. 수천 년간 하나의 독립된 영토 안에서 동일한 집단을 구성하며 살아왔던 만큼 우리 민족은 단일민족이라는 정체성을 강하게 유지해온 거죠. 이러한 정체성은, 역사적으로 무수히 많은 외세의 침략과 핍박 속에서도 똘똘 뭉쳐 나라를 위해 아무런 대가도 바라지 않고 자발적으로 헌신하며 스스로를 기꺼이 희생하는 삶을 선택했던 이름 없는 의병들처럼, 수많은 민초들의 모습에서도 잘 드

9. 지식채널e 〈환상적인 실험1,2〉 "미국의 어느 역사 수업 이야기"참고

러납니다.

그런데 1950년대 이후 권위적인 국가주의를 거치면서 자발적 선택이 아닌 국가 공동체를 위해 개인의 희생과 헌신을 강요하게 되었고, 이는 교육의 세례로까지 이어졌습니다. 이 시기의 청소년들은 학교에서 "국가와 민족을 위해 몸과 마음을 바쳐 충성을 다할 것을 굳게 다짐"까지 해야 했습니다.

## 공동체에 대한 사랑은 강요될 수 없다

인간이란 자연스럽게 자신이 속해 있는 공동체를 소중히 여기는 마음을 품고 살아갑니다. 그렇다고 해도 공동체에 대한 개인의 사랑은 결코 강요될 수 없습니다. 사랑하고자 하는 마음은 자연스럽게 일어나야 합니다. 사랑받고자 한다면 사랑받을 만한 모습을 보여주어야 한다는 뜻이지요. 요즘 우리나라 청년들이 대한민국을 가리켜 '헬조선'이라고 조롱하며 비아냥거리는 것은 그만큼 현재 우리 사회가 청년들에게 그리 사랑받을 만한 대상이 아니라는 슬픈 반증이 아닐까요?

우리 사회가 사회구성원들에게 사랑받을 수 있는 그래서 많은 사회구성원들의 사랑이 자연스럽게 우러나올 수 있는 공동체가 되려면 각 개인이 가진 소중한 가치들을 공동체가 앞장서서 구현해나가야 할 것입니다. 그렇게 되면 개인도 자연스럽게 공동체를 사랑하게 되지 않을까요?

인간은 공동체에 소속감을 가지려는 욕구를 가지고 있습니다. 하지만 아무리 그렇다고 해도 공동체에 대한 개인의 애정은 결코 강요할 수 있는 게 아닙니다. 이제 다음 질문에 대해 자유롭게 생각해보고, 친구들과 함께 서로의 생각을 나누며 토론해보는 시간을 가져보면 어떨까요? 답이 정해진 질문이 아니므로 자유롭게 생각하고 미음껏 토론해보세요.

1. 내가 속한 집단/공동체에는 어떤 것들이 있을까요? 그리고 가장 소중한 집단/공동체는 무엇이고, 그 이유는 무엇인가요?

2. 왜 개인은 공동체에 소속되고자 하는 마음이 강할까요?

3. 공동체가 필요한 이유와 공동체가 개인에게 위협이 되는 이유는 무엇일까요?

함부로 대하지 마세요,
전 소중하니까요!

우리말 중에 제대로 번역하기 어려운 단어들은 그 자체로 영어사전에 등재되기도 합니다. 예컨대 재벌, 김치, 한류 등은 영어 사전에 우리말 그대로 등재되었습니다. 그런데 최근 '갑질' 또한 영어사전에 우리말 그대로 등재되었다고 합니다. 영어로는 도저히 대체할 만한 단어가 없었던 모양입니다. 그렇다면 갑질은 대체 어떤 뜻일까요? 짐작하겠지만, '자신의 권위를 이용하여 자신보다 아랫사람이라고 생각되는 사람에게 착취, 억압, 극심한 인격 모욕 등을 행함' 정도로 이해할 수 있을 것입니다.

### 갑질에 드러난 우리 사회의 부정의

앞에서도 무례를 이야기하며 잠시 언급했던 유명 항공사 일가의 갑질을 포함해 프랜차이즈 기업 회장의 가맹점 갑질, 운전기사에게 상습적인 폭언과 폭행을 일삼은 오너 일가의 비행 등 우리 사회에

#진상손님아! #인격은_ 밥 말아_ 드셨나요? #너만 귀하니?_ 나도 귀하다 #똑같이 당해봐야_
정신 차릴래?

서 소위 '갑'으로 불리는 이들의 도를 넘은 무분별한 행동이 사회적 지탄과 물의를 빚고 있습니다. 굳이 재벌가의 횡포가 아니라도 여러분 주변에서도 이와 유사한 행태를 쉽게 발견할 수 있을 것입니다. 판매원이나 서비스직에 대한 막말이나 폭언, 폭행의 이야기가 종종 들려올 정도니까요.

갑질이란 계약을 맺는 고용주와 피고용인의 관계를 가리키는 일명 갑을(甲乙)관계에서 생겨난 말입니다. 계약관계인 갑과 을은 계약상에 이루어진 권리와 의무를 져야 하지요. 하지만 갑이 을에게 계약에서 벗어난 무리한 요구를 한다거나 인격적인 모욕을 포함한 언어적·물리적 폭력을 행사한다면 이는 분명 그냥 지나칠 수 없는 문제입니다.

갑질은 우리 사회의 부정의와 인간관계의 부정적인 측면을 가감 없이 보여줍니다. 그렇다면 대체 언제부터 이러한 갑질이 시작된 걸까요? 근대적 의미의 갑질은 해방 이후 한국 근대국가 형성기 무렵부터 시작되었다고 볼 수 있습니다. 국가주도의 경제성장 정책 하에서는 자칫 정부에 밉보이면 사업의 성공을 보장받을 수 없었습니다. 이런 분위기에서 정부야말로 기업의 강력한 갑이었죠. 그리고 정부의 지원을 받은 기업들은 노동자들에게 또 다른 갑이 되었습니다. 노동자들이 아무리 노동에 대한 정당한 대가를 요구해도 무시당하기 일쑤인 을의 처지에 머물 수밖에 없었다는 점은 '평화시장'에서 '노동법'과 함께 자신의 몸을 불태워야 했던 '전태일'의 슬픈 역사에서도 확인할 수 있습니다.

이처럼 노동자 개개인의 가치가 존중받지 못하다 보니 우리 사회의 구성원들은 자신에게 서비스를 제공하는 노동자에 대해 인간적인 존중 의식을 가져야 할 이유를 아예 깨닫지 못하게 된 건 아닐까요? 그래서 손님이면 마치 진짜 왕이라도 된 것처럼 직원을 아랫사람 부리듯 아무렇지 않게 함부로 무시하는 게 아닌가 싶어 씁쓸하기 그지없습니다.

또 우리 사회에서 빈번한 갑질 중에는 '나이라는 계급장'이 있습니다. 선배와 후배로 정리된 관계에서는 후배가 선배를 까듯이 대해야 한다는 집단주의 문화가 아직까지도 존재합니다. 이러한 이유로 선배가 후배들의 기강을 바로 세운다는 명목으로 일으키는 폭력적인 사건들이 아직도 비일비재합니다. 선배와 후배라는 집단 정체성이 개개인의 존엄성을 파괴한 셈입니다.

### 억눌린 존엄성과 다시 고개를 드는 개인주의

선후배 문화는 군대에서도 동일하게 나타납니다. 군대는 무조건적인 상명하복이 정당화되는 예외적인 공간입니다. 소위 '까라면 까!'라는 식의 명령은 상관의 말에 대한 절대복종을 내면화하게 되지요. 이렇게 내면화된 우리의 계급과 집단의식은 사회로 나와 직장까지 이어져 회사 조직 내 복종과 지배의 문화를 만들어냅니다. 병영 문화의 일상적 전파가 이루어진 셈이죠.

개인은 무시당하고 집단에 의해 개인의 존엄성과 가치가 파괴되는 현실에서, 이제 다시 개인주의에 관심을 가져야 하지 않을까요?

그렇다면 개인주의란 무엇일까요? 먼저 설명하자면 '개인주의', '공동체주의', '국가주의'와 같이 어떤 명사 뒤에 '주의'를 붙이면 그 대상을 중심으로 세상을 이해하는 관점이 됩니다. 그러니까 개인주의는 개인을 중심으로 세상을 바라보고 이해하려는 생각을 의미하는 거죠.

그럼 어떻게 개인주의가 생겨나게 되었을까요? 개인주의는 원래 지역 공동체에 대한 협력과 희생을 중요하게 여겼던 중세 공동체주의의 위기의식에서 나온 개념입니다. 서양의 중세시대는 가톨릭을 통해 공동체의 가치를 유지하고, 신분제를 통해 왕과 귀족들의 경제적·사회적 기반을 유지해오고 있었습니다. 하지만 서양에 근대적 개인주의 사상이 발흥하면서 개인의 자유와 권리를 강조하는 생각들이 확산된 것입니다. 공동체보다는 개인의 권리와 자유를 주장하는 사람들에게 의기의식을 느낀 귀족과 성직자들은 개인주의가 마치 이기적인 개인들이 사회를 무질서하게 만들려는 잘못된 생각인 양 비난하기 시작했습니다.

하지만 지렁이도 밟으면 꿈틀한다고 했던가요? 오랜 세월 왕과 귀족들의 부당한 억압과 폭력, 정치권력의 독점 속에서 고통을 받아온 시민들은 각성하기 시작했습니다. 타고난 신분에 따라 사회적 지위와 경제적 혜택이 결정되는 부당한 현실을 고발하고, 모두가 평등하고 자유로운 개인으로 인정받아야 한다고 생각하게 된 거죠. 이를 통해 신분제 사회를 갈아치우고 평등하고 자유로운 시민사회로 나아가기를 희망했던 것입니다.[10]

개인주의는 이기주의와는 다릅니다. 이기주의가 자신의 이익만을 위해 판단하고 행동하는 것이라면 개인주의는 개인의 존엄성과 가치가 존중되어야 하며, 이러한 존중의 문화를 만들기 위해 필요한 공동체의 가치와 규범을 만들어내려고 노력하는 것입니다.

개인주의의 가치는 동양의 도가(道家) 철학자인 양주(楊朱)에게서도 확인할 수 있습니다. 그는 이렇게 말했지요. "내 정강이의 털 한 올을 뽑아서 천하가 이롭다 하더라도 정강이에 난 털 한 올을 뽑지 않겠다." 양주는 과연 이기주의자였을까요? 사실 양주는 개인의 자발성에서 우러나온 힘으로 이루어지지 않는 사회는 악하다고 보았을 뿐입니다. 즉 개인들의 자발적인 생명력으로 이루어진 사회를 꿈꿨던 거죠.[11]

자발적으로 우러난 타인에 대한 배려와 공동체적 가치가 아닌 누군가에 의해 일방적으로 강요된 요구라면 개인의 존엄성과 가치를 훼손할 뿐입니다. 여러분도 학교에서 다른 사람의 가치를 훼손하는 모습을 쉽게 볼 수 있을 것입니다. 자발적으로 따르도록 하는 게 아니라 강요와 협박, 폭력으로 상대를 굴복시키려 하는 학생들 또는 일부 교사의 모습이 그러합니다. 이러한 이유로 학교폭력은 사회문제로까지 인식되고 있습니다.

내가 소중하듯이 다른 사람도 소중한 인격을 가진 개인으로 이해하고 대할 수 있어야 합니다. 그것이 진정한 개인주의입니다. 각자

10. 웅진환 외, 《논쟁하는 정치교과서1》, 신인문화사, 2015, 82~83쪽 참고
11. 플라톤아카데미 TV, 최진석, 〈나는 누구인가?〉, 자신의 주인으로 산다는 것

가 가진 외모와 경제적 상황, 생각과 취향을 존중하고 이해하고 배려할 수 있을 때 비로소 올바른 개인주의 문화도 만들어갈 수 있을 것입니다. 학교부터 이렇게 모두가 소중하다는 믿음을 배우고 실천하는 공간이 되어야 하지 않을까요? 그래야 우리 사회에 만연한 부끄러운 갑질도 언젠가 사라질 수 있을 테니까요.

**넌 어떻게 생각하니?**

갑질은 우리 사회의 부정의한 단면을 적나라하게 드러낸 치부와도 같습니다. 우리는 모두 존엄한 존재입니다. 또한 자발성이 배제된 채 대의를 위한다는 명분으로 개인의 일방적 희생을 강요한다면 사회정의는 바로설 수 없을 것입니다. 다음 질문에 대해 자유롭게 생각해보고, 친구들과 함께 서로의 생각을 나누며 토론해보는 시간을 가져보면 어떨까요? 답이 정해진 질문이 아니므로 자유롭게 생각하고 마음껏 토론해보세요.

1. 우리 사회에는 갑질 문화가 만연해 있습니다. 그런데 혹시 우리가 늘 생활하는 학교에는 어떠한 갑질이 존재할까요?

2. "모난 돌이 정을 맞는다"는 옛 속담이 있습니다. 이 속담은 오늘날에도 정당하다고 생각하나요?

3. 개인이 소중한 이유는 무엇일까요?

인간은 늘 현실과 이상 사이의 괴리감 속에서 괴로워하죠. 인류는 아주 오래전부터 어떤 사회가 이상적인지에 관해 이야기해왔지만, 아직까지도 구체적인 이상향의 모습은 손에 잡힐 듯 잡히지 않고 그저 상상으로만 존재할 뿐입니다. 이 책을 마무리하기 전에 우리의 이상과 현실을 다시 생각해볼 기회를 마련하려 합니다.

생각연습

유토피아

# 우리는 어떤
# 세상을 꿈꾸는가?

"미래를 창조하기에 꿈만큼 좋은 것은 없다. 오늘의 유토피아가 내일의
현실이 될 수 있다."

– 빅토르 위고

# 14마리의 늑대,
# 생명의 기적을 선물하다

미국의 옐로스톤 국립공원(Yellowstone National Park)은 1990
년대 들어 산림이 크게 황폐화되어 골머리를 앓고 있었습니다. 그
런데 여기에는 사연이 있습니다. 지난 수십 년간 국립공원 주변의
가축을 해친다는 이유로 포식자인 늑대를 계속해서 잡아들였던 거
죠. 천적인 늑대가 사라진 숲에는 사슴의 개체 수가 급격히 늘어났
습니다. 사슴들이 닥치는 대로 풀과 나무를 먹어치우는 통에 숲은
눈에 띄게 망가져갔죠. 심지어 강가에 있는 나무와 풀까지 죄다 먹
어치우는 바람에 강가를 보호하던 나무마저 사라지자, 강에 터를
잡고 살던 비버와 오리들마저 떠나버렸습니다. 더불어 강가에는 침
식이 잦아지며 공원은 더욱더 황폐화되고 말았습니다.

### 황폐해진 숲에 찾아온 마법 같은 변화
날로 황폐화되는 공원을 더 이상 방치할 수 없었던 미국 정부는 결

국 1995년에 14마리의 늑대를 다시 풀기로 결정했습니다. 이 결정에 대해 수많은 사람들이 비난했는데, 그나마 숲에 남아 있는 동물들 모두 늑대에게 잡아먹힐 거라고 생각한 것입니다. 하지만 국립공원은 결정한 대로 70년 만에 늑대 14마리를 풀었습니다. 숲으로 돌아간 늑대들은 사슴을 사냥하기 시작했죠. 그 결과 사슴의 개체수는 급속하게 줄어들었고, 살아남은 사슴들은 늑대의 공격 위험에서 벗어나기 위해 이동하기 시작했습니다.

사슴이 떠난 자리에는 식물들이 다시 자라나기 시작했죠. 사시나무와 버드나무의 키는 6년 만에 5배로 껑충 성장했습니다. 그러자 새들이 다시 날아들었고, 나무는 더욱더 풍성해졌습니다. 이제 공원에는 다양한 종들이 모이기 시작했습니다. 떠나버렸던 비버가 다시 돌아와 강둑을 만들자 수달과 오리, 어류들의 좋은 서식지가 되었죠. 늑대는 코요테도 사냥하기 시작했습니다. 그 결과 토끼와 쥐가 늘어나자 여우와 족제비, 오소리, 독수리들까지 숲으로 모여들었죠. 더욱 흥미로운 점은 산에 나무가 많아지면서 강의 움직임이 바뀐 것입니다. 강의 굽이는 줄어들었고, 침식도 현저히 줄어들었습니다. 불과 얼마 전까지 황폐하기 그지없던 곳이 매우 훌륭한 야생 서식지로 변모한 것입니다.

이 놀라운 이야기는 야생에서 기자 활동을 했던 조지 몬비오(George Monbiot)가 2013년 TED강연에서 했던 이야기 중 일부를 소개한 것입니다. 그는 사람들은 늑대가 다양한 동물들을 잡아먹는다는 건 알아도 늑대가 다른 동물들에게 생명을 줄 수 있다는 건 잘 모른다고 말했습니다. 17년간 인간의 힘으로는 어쩌지 못했던 환경 파괴를 단 14마리의 늑대를 원래의 자리로 돌려놓음으로써 마법처럼 회복한 것입니다. 고작 14마리의 늑대가 죽음의 땅을 생명의 땅으로 만들어낸 기적은 대체 어떻게 가능했던 걸까요? 이러한 놀라운 기적 앞에서 우리는 '생명'이란 무엇인지에 대한 질문을 하지 않을 수 없습니다.

## 생명체는 각각 존재하는 게 아니라 상호작용하는 것

생명이란 무엇일까요? 사람이든 동물이든 미생물이든 우리는 살아 있는 모든 것을 생명이라고 합니다. 그런데 살아 있는 개체를 중심으로 생명을 이해하는 방식은 생명을 온전히 이해할 수 있는 방식일까요? 개별 생명체, 즉 '낱생명'으로는 생명 현상을 온전히 이해할 수 없다고 말하는 우리나라의 학자가 있습니다. 바로 장회익 교수입니다. 그는 각각의 생명은 독립되어 존재할 수 없다고 말합니다. 생명 현상은 사실 생명체 내부를 구성하는 것과 생명체 외부, 곧 환경과 상호작용을 통해서만이 존재할 수 있다는 거죠. 따라서 생명을 구성하는 모든 것을 통틀어 이해하려는 노력이 필요한데, 이러한 관점의 생명관을 그는 온생명이라고 이름 붙였습니다.

엘로스톤 국립공원의 14마리 늑대 이야기도 온생명의 관점에서 이해할 수 있을 것입니다. 개별 생명체가 아닌 각각의 생명체가 상호작용함으로써 자연 생태계는 자기복원 능력을 다시 회복했으니까요. 생태계의 자기조정 능력과 균형을 유지하는 능력은 각 개체의 독립성이 아니라 상호작용하는 과정 안에서 이루어진다는 점을 옐로스톤 국립공원의 이야기를 통해 다시금 확인할 수 있습니다. 만일 개별 개체 중심으로 생태계를 바라보며 문제를 해결하고자 했다면 이러한 기적 같은 변화는 아마도 불가능했을 것입니다.

생명은 상호 의존성을 기반으로 유지·존속 가능한 것입니다. 일본의 시인 요시노 히로시(吉野弘)의 〈생명은〉이라는 시를 통해 이러한 관점을 재확인할 수 있습니다.

생명은
자기 자신만으로 완결이 안 되는
만들어짐의 과정.

꽃도
암꽃술과 수술로 되어 있는 것만으로는
불충분하고

벌레나 바람이 찾아와
암꽃술과 수술을 연결하는 것.

생명은
제 안에 결여를 안고
그것을 타자가 채워주는 것.

시인은 이 시를 통해 생명은 그 자체로는 결여를 안고 있으며, 온전한 삶이 불가능하다고 말합니다. 그리고 바로 이러한 불충분성으로 인해 우리는 타자를 필요로 하고, 만남을 요청해야 한다고 이야기합니다. 즉 타자를 통해서 완전한 생명이 될 수 있다는 거죠. 이러한 불완전성과 결여가 타자와의 만남을 가능하게 하는 조건이라는 것입니다.

### 우리는 서로에게 어떤 존재인가?

혹시 우리는 오직 인간의 생명만을 소중히 여기는 인간 중심주의나 자기 집단의 존속과 안위만을 중시하는 집단주의적 사고에 얽매어 있는 게 아닐까요? 이러한 자기중심적 생명관은 마치 옐로스톤의 사례처럼 단기적으로는 이익을 보장해줄 것처럼 보이지만, 장기적인 관점에서 우리 삶의 환경을 황폐화시키고, 마침내 우리 자신의 생명까지도 위협하는 위험한 결과를 초래할 것입니다.

그렇다면 어떻게 생명의 관점을 확장할 수 있을까요? 개구리는 움직이지 않는 것을 인식하지 못한다고 합니다. 쉽게 말해 움직이지 않는 나무 기둥은 인식하지 못하고, 바람에 날리는 나뭇잎만 볼 수 있는 거죠. 그런데 우리도 혹시 개구리처럼 살아 움직이는 낱생명은 바라보지만, 정작 그 생명을 존재하게 하는 큰 줄기는 보지 못한 채 살아가고 있는 게 아닐까요? 이제 생명이 갖고 있는 큰 그림, 서로 연결된 상호작용성을 이해하고 실천하는 노력이 필요할 때입니다.

이러한 생명이 갖는 관계성은 최근 늘어나는 자살의 문제에 대해서도 많은 것을 시사해줍니다. 1897년 프랑스의 사회학자 에밀 뒤르켐(Emile Durkheim)이 발표한 《자살론》에서는 지극히 개인적인 사건으로 볼 수 있는 '자살'이 실은 그가 속한 사회 공동체가 어떤 가치와 규범으로 개인에 대한 압력이 작용되는지에 따라 달라질 수 있다는 점을 보여줍니다. 즉 우리 공동체가 타자와 어떻게 관계 맺는지에 따라 한 사람을 죽음으로 몰아갈 수도 있으며, 반대로 온전하게 생명을 유지하며 다른 사람과 함께 평화롭게 살아갈 수도 있게 만든다는 뜻이죠. 여러분은 옆에 있는 생명에게 과연 어떤 존재일까요? 또 서로 어떤 영향을 주고받고 있는지 살펴보는 것도 의미가 있을 것입니다.

넌 어떻게 생각하니?

모든 생명은 각기 다른 존재임에 분명하지만, 상호작용을 통해 더욱 의미 있는 존재로 여겨질 수 있음을 살펴보았습니다. 어쩌면 나 홀로 잘 먹고 잘 살겠다는 생각은, 함께 못 먹고 못 사는 결과만 초래하게 되지는 않을까요? 이제 다음 질문에 대해 자유롭게 생각해보고, 친구들과 함께 서로의 생각을 나누며 토론해보는 시간을 가져보면 어떨까요? 답이 정해진 질문이 아니므로 자유롭게 생각하고 마음껏 토론해보세요.

1. 우리가 살아 있다고 말할 수 있는 증거는 무엇이라고 생각하나요?

2. 자살은 사회적 환경이 만들어내는 결과물이라면 우리의 사회적 환경에서 어떤 것들을 변화시켜야 한다고 생각하나요?

3. 혹시 죽음을 생각하는 것은 사는 데 도움이 될까요?

### '공유지의 비극'은
### 우리 모두의 책임이다

앞에서 우리는 옐로스톤 국립공원의 늑대 14마리가 보여준 기적 같은 변화를 살펴보았습니다. 이 이야기가 우리에게 주는 가장 중요한 시사점은 각 생명체 간의 상호작용일 것입니다.

우리 인간도 마찬가지입니다. 사회 속에서 각 개인이 홀로 완벽하게 존재할 순 없습니다. 끊임없이 타인과 서로 영향을 주고받으며 균형을 이뤄가야 하죠. 그런데 만약 이러한 관계에서 서로 상대에 대한 배려 없이 오직 각자의 이익만을 추구하고, 상대의 아픔 따위는 외면한다면 이 사회는 어떻게 될까요? 혹시 나 혼자만 잘 살아보려는 희망은 함께 죽는 비극적 결과만 초래하게 되는 건 아닐까요? 여기에서는 이 문제에 관해 좀 더 생각해보려 합니다.

### '나 하나쯤이야…'가 불러온 파국

어느 마을에 목초가 풍부하게 자라 가축을 기르기 좋은 초원이 있었습니다. 초원 가까이 살던 목동들은 가끔 소를 끌고 와서 풀을 먹였죠. 처음엔 초원이 워낙 드넓고, 소는 몇 마리 되지 않아서 마음껏 풀을 뜯어 먹여도 전혀 문제될 게 없었습니다.

그런데 날이 갈수록 너도나도 초원에 소를 끌고 왔습니다. 점점 더 많은 소가 들어오면서 초원의 상황은 이전과 많이 달라졌습니다. 좋은 풀은 줄어든 반면, 소의 오물과 악취로 가득 차게 된 것입니다. 마침내 이 초원은 아무도 더 이상 소를 키울 수 없는, 그저 지저분한 황무지로 변하고 말았습니다.

이 이야기는 미국의 생태학자 개릿 하딘(Garrett Hardin)이 1968년에 〈공유지의 비극(Tragedy of the Commons)〉이라는 논문을 발표하면서 유명해졌습니다. 정리하면 개인의 이익과 공동체의 이익이 충돌할 때 개개인들이 '나 하나쯤이야…'라는 생각으로 모두 자신의 이익만을 추구하게 되면 결과적으로 모두가 파국을 맞이하게 된다는 내용이지요. 이 이야기는 인간들 사이의 '협력' 필요성에 대한 생각의 단서를 제공해줍니다.

우리 현실에서도 공유지의 비극은 종종 발생합니다. 예컨대 온실가스 배출량이 많은 중국이나 미국, 일본 같은 나라들이 '배출권 거래제'에 참여하기로 했다가 돌연 시행을 미뤘습니다. 비용이 높아져 글로벌 경쟁에서 뒤처지고 말 것이라는 자국 기업들의 하소연을 각 나라의 정부들이 환경문제보다 우선시했던 거죠. 온실가스를 배출해 전체 대기 질이 나빠지더라도 어차피 그 피해는 세계가 공유하는 상황이니 굳이 솔선수범하여 참여하지 않겠다는 것이었습니다.[1]

## 각자 제 살 길 찾기도 바쁜 각박한 사회

"남의 고뿔보다 내 손톱 밑 가시가 더 아픈 법"이라는 말이 있습니다. 이것이 비록 인지상정(人之常情)이기는 하지만, 사회가 각박해질수록 좀 더 심화되는 경향입니다. 즉 각박한 사회일수록 타인의 고통보다는 자신의 어려움이 훨씬 더 커 보이고, 오직 나의 어려움을 해결하는 데만 집중하게 된다는 거죠.

이러한 측면에서 '각자도생(各自圖生)'이라는 말을 살펴볼 필요가 있습니다. 이 말은 조선시대 때 나라에 기근이 심하여 백성들의 삶이 궁핍하여 뿔뿔이 흩어지고 각자의 살길을 찾아 헤매는 상황에 대해 왕에게 상소문을 올릴 때 사용했던 말에서 시작되었다고 합니다. 아무리 삶이 괴롭고 힘들어도 그 어떤 도움의 손길도 기대할 수 없는 상황에서 아등바등 견뎌내야 했던 민초(民草)들의 고단함이 고스란히 전해지는 것 같습니다.

오늘날 우리의 모습은 어떨까요? 최근 〈나 혼자 산다〉와 같은 방송 프로그램과 더불어 '혼술', '혼밥' 등 싱글라이프(single life)에 대한 미화(美化)가 본격화되고 있습니다. 하지만 혼술과 혼밥이 과연 자기주도적인 선택인지는 솔직히 의문입니다. 혹시 우리 사회의 상호 신뢰 및 공동체성이 그만큼 훼손되었기 때문에 나타나게 된 현상은 아닐까요?

우리 사회에서 상호 신뢰 및 공동체성이 훼손된 정도는 여타 국

---

1. 《중앙일보》, '이번 주 경제 용어 공유지의 비극', 2015. 4.22. 참고

가와 비교해도 낮은 사회적 결속력을 보여줍니다. OECD(경제협력개발기구)는 30개국을 대상으로 사회적 결속력에 대해 조사하고 순위를 매겼습니다. 2011년 조사에서 타인에 대한 신뢰, 사회기관에 대한 신뢰, 친사회적 행동과 반사회적 행동, 투표, 관용의 정도를 비교한 결과, 우리나라는 30개국 중에서 25위를 차지했습니다.

더불어 우리나라는 WHO(세계보건기구)가 2017년에 발표한 인구 10만 명당 자살률 수치에서는 183개 국가 중 10위를 차지했습니다. 참고로 심각한 기아 문제를 안고 있는 아프리카의 최빈국 시에라리온이 11위였죠. 앞에서도 살펴보았지만, 뒤르켐에 의하면 자살은 개인적인 차원에 머무르지 않으며 사회적 압력과 의지할 수 있는 공동체가 없을 때 증가하게 되므로, 단순히 개인적인 행동으로만 볼 수 없다는 점을 우리는 기억해야 합니다.

## 타인의 고통에 침묵한 뼈아픈 대가

이제 다른 사람의 고통과 어려움을 외면하는 것에 대한 문제점을 고민하기 시작해야 하지 않을까요? 2차 세계대전 당시 목사였던 마르틴 니묄러(Friedrich Gustav Emil Martin Niemöller)의 연설을 바탕으로 만들어진 시가 있습니다. 제목은 〈처음 나치가 잡으러 왔을 때〉입니다.

처음 나치가 공산주의자들을 잡으러 왔을 때, 나는 침묵하였다.
나는 공산주의자가 아니었으니까. 다음에 나치가 노동조합원들을 잡으러 왔을 때, 나는 침묵하였다. 나는 노동조합원이 아니었으니까. 이어서 그들이 유대인들을 잡으러 왔을 때, 나는 침묵하였다. 나는 유대인이 아니었으니까. 이어서 그들이 나를 잡으러 왔을 때 더 이상 나를 위해 말해줄 이가 아무도 남아 있지 않았다.

우리가 타인의 고통을 외면한다면 결과적으로 아무도 나의 고통에 관심을 갖지 않을 것입니다. 그렇게 되면 나 홀로 문화적·구조적·물리적 폭력 앞에 홀로 무방비 상태로 맞서야 할지도 모르죠. 이러한 문제를 해결하기 위해 우리는 이제 연대에 대해 관심을 가져야 합니다.

연대를 이해하기 위해 먼저 프랑스의 정치가이자 법학자, 철학자인 레옹 브르주아(Leon Victor Auguste Bourgeois)의 관점을 살펴보려 합니다. 레옹은 연대를 다른 사람에 대한 관심과 서로 협력을 통해 돕는다는 뜻인 '상호부조'가 핵심이라고 보았습니다. 그리고 이러한 연대는 좁은 의미의 연대와 넓은 의미의 연대로 구분하여 이해할 수 있습니다.

좁은 의미의 연대란 같은 공동의 집단끼리 공동의 목표를 추구하는 연대를 말하는 것으로 대표적으로 '노동조합' 같은 조직을 들 수 있습니다. 넓은 의미의 연대란 특정 집단의 이익이 아니라 사회 전체를 대상으로 하는 연대를 의미하는 것으로 직접적으로 자신에게 이익이 되지 않는다고 하더라도 협력하고 연대하는 것을 의미합니다.[2]

## 우리가 함께 살아가기 위한 최선의 길은?

외국인 노동자 문제에 관심을 갖는 한국인, 성소수자의 인권 증진에 참여하는 이성애자, 여성의 인권 문제에 관심을 갖는 남성 등의 공통점은 무엇일까요? 바로 자신의 이해관계를 벗어나 사회적 약자에 대해 관심을 갖고, 넓은 의미의 연대를 실천하는 사람들이라는 점입니다.

넓은 의미의 연대를 실천하는 사람은 모든 인간이 가진 보편적 존엄성에 대한 신뢰와 이러한 존엄성이 파괴되었을 때는 이를 시정하며, 이를 위해 나와 무관한 사람에게까지 협력하고 상호부조하는 높은 도덕성을 보입니다. 그런데 이런 넓은 의미의 연대를 실천하는 사람은 왜 필요할까요?

여기 우리가 주목할 인물이 있습니다. 그는 바로 세계적인 지휘자인 다니엘 바렌보임(Daniel Barenboim)입니다. 그는 이스라엘 사람으로 팔레스타인과 이슬람 문화권 국가들의 젊은이들 그리고 이스라엘의 젊은 음악도들을 모아 서동시집 오케스트라(West-Eastern Divan Orchestra)를 만들어 전 세계에서 공연을 펼쳤습니다. 우리는 바렌보임의 용기 있는 실천에 주목해야 합니다. 사실 이스라엘은 나라 없이 무려 2000년 이상을 지내왔는데, 2차 세계대전 이후 유럽과 미국의 도움으로 팔레스타인 지방에 나라를 만들 수 있었죠. 하지만 이 과정에서 원래 그 지역에 살고 있던 사람들을 가자지구

..........................
2. 웅진환 외, 《논쟁하는 정치교과서2》, 신인문사, 2016. 307~310쪽 참고

로 강제 이주시킴으로써 팔레스타인 가자지구와 이스라엘은 수년 간 테러와 공격으로 적대적 관계를 이어왔습니다. 이러한 상황에서 바렌보임은 이스라엘 사람임에도 이스라엘의 폭력성을 비판하며, 이 둘의 공존을 위해 적대국 젊은이들과 연대하여 음악이라는 보편 언어를 통해 평화의 메시지를 전달하고 있는 것입니다.

바렌보임과 같이 사회적 약자와의 협력을 통해 공생의 관계를 만들어가려는 노력을 온몸으로 실천한 사람들은 세계 곳곳에 있습니다. 그들은 자기 집단의 울타리에서 벗어나 보편 도덕의 관점에서 다른 집단마저도 인간으로서의 존엄성을 지켜주려는 높은 도덕성을 보여줍니다. 그리고 이들의 이러한 실천은 인간이 지구에서 다른 존재들과 함께 행복하게 공생할 수 있다는 희망의 실마리가 되어주고 있습니다. 그렇다면 우리가 어떤 미래를 만들어갈지는 우리가 얼마나 도덕적인 모습으로 타인과 공생관계를 만들어갈지에 따라 달라지지 않을까요? 그만큼 우리는 인류의 보편적 도덕 가치를 지켜내려는 노력을 멈추지 말아야 할 것입니다.

넌 어떻게 생각하니?

인간은 기본적으로 자신의 이익 앞에서 한없이 약해집니다. 하지만 자신의 이익에 눈이 멀어 다른 사람의 아픔을 외면하다 보면 결국 나의 아픔에 아무도 관심을 기울여주지 않을 게 뻔합니다. 이제 다음 질문에 대해 자유롭게 생각해보고, 친구들과 함께 서로의 생각을 나누며 토론해보는 시간을 가져보면 어떨까요? 답이 정해진 질문이 아니므로 자유롭게 생각하고 마음껏 토론해보세요.

1. 최근 혼술, 혼밥과 같은 싱글 라이프가 자주 등장하게 된 이유는 무엇이라고 생각하나요?

2. 혼자 살아가는 삶이 가진 문제점은 무엇이라고 생각하나요?

3. 우리에게 타인이 필요한 이유는 무엇이라고 생각하나요?

## 편리한 일회용품,
## 포기할 수 있을까?

여러분이 앞으로 맞이하게 될 미래는 어떤 모습일까요? 과학 기술의 발달로 쾌적하게 꾸며진 환경에서 편리한 삶이 행복하게 펼쳐질까요? 아니면 황폐해질 대로 황폐해진 환경과 파괴된 문명 속에서 오직 소수만이 생존해 힘겹게 살아가게 될까요? 이러한 두 가지 관점은 미래를 배경으로 한 SF 영화에서 다양하게 변조되고 있습니다.

미래를 암울하게 보는 관점을 디스토피아(distopia)적 세계관이라고 합니다. 영국의 타임즈 계열 교육지(紙)인 〈더타임즈 하이어 에듀케이션(THE)〉은 이러한 디스토피아적 관점에서 2017년 흥미로운 설문 조사를 진행했습니다. 노벨상 수상자 50명을 대상으로 '인류의 종말을 일으킬 요인'을 묻는 설문 조사를 진행한 거죠. 이 조사에서 학자들은 테러와 원리주의, 경제적 불평등, 핵전쟁의 위협, 인공지능(AI) 출현 등 다양한 답변을 내놓았다고 합니다. 그런데 그중 가장 많은 비중을 차지한 답변은 무엇일까요? 바로 환경문제였습니다(18명 34%). 그렇습니다. 환경문제는 이제 전문가는 물론 수많은 사람들이 심각하게 고민해야 할 지구의 강력한 위협으로 돌아온 것입니다.

## 에너지 혁명과 하늘을 뒤덮은 미세먼지

현재 우리나라가 환경과 관련하여 생활과 가장 밀접하게 그리고 심각하게 경험하고 있는 것은 무엇일까요? 아마도 '미세먼지'가 떠오를 것입니다. 더불어 미세먼지보다 더 작은 초미세먼지는 우리를 공포로까지 몰아넣고 있습니다.

사실 봄이 되면 겨우내 움츠리고 있던 몸이 근질근질해지며 밖으로 나가 활동하고 싶어집니다. 그런데 우리는 어찌된 일인지 봄이 되어도 밖으로 나가는 게 두렵고 꺼려지는 시대를 살고 있습니다. 미세먼지주의보가 내려지면 운동장에서 이루어지는 체육 활동마저 주저하게 되지요. 심지어 창문을 활짝 열고 실내 공기를 순환시키는 게 좋은지, 아니면 문을 꼭 닫고 초미세먼지가 실내로 들어오지 못하도록 막는 것이 더 좋은지를 놓고 갈등하게 됩니다. 창문을 열어도 고민, 닫아도 고민입니다. 새로 지은 건물에서 생활해야 할 경우에는 실내 방사성 비활성기체인 '라돈(Radon)' 수치까지 걱정해야 할 판입니다.

미세먼지에 대한 우려는 중국발 황사에서 시작되었습니다. 봄이 되면 해마다 우리나라를 찾아오는 불청객 '황사'는 이제 중국 내 산업시설을 거치면서 심각한 미세먼지와 초미세먼지가 결합된 상태로 한반도를 덮치고 있습니다. 그런데 더 큰 문제는 이제 계절적 특성마저 사라지고 여름의 제한적인 기간을 제외하면 거의 일상적으로 이러한 미세먼지가 한반도에 영향을 미치고 있다는 점입니다.

지금까지 알려진 대기오염이 일으킨 심각한 사건은 1952년 12월 5일부터 9일까지 발생한 '런던 스모그' 사건이 대표적입니다. 추운 날씨에 난방 연료로 석탄을 집중적으로 태운 게 화근이었는데, 여기서 나온 이산화황(아황산가스)이 바람도 없는 잔잔한 날씨에 안개와 뒤섞여 심각한 스모그를 일으킨 것입니다. 이로 인해 호흡기질환으로 4,000명이 사망하고, 10만 명이 각종 질환에 시달렸습니다. 이듬해 2월까지 8,000명이 더 숨져 총 12,000명이 사망에 이르게 됩니다. 사실 런던은 산업혁명을 최초로 만들어낸 영국의 수도이기도 합니다. 산업혁명과 대기오염이 마치 동전의 양면처럼 같이 간 거죠.[3]

18세기 영국을 시작으로 유럽을 거쳐 미국과 아시아로 이어진 산업혁명은 이제 중국과 인도에까지 이르렀습니다. 산업화는 대량생산과 대량소비를 기반으로 움직여지는 공장제 생산 방식의 일반화를 의미합니다. 대량생산을 위해 에너지 혁명이 이루어졌고, 에너지 혁명을 위해 인류는 다량의 화석연료(석탄, 가스, 석유 등)를 사용하게 된 거죠. 다량의 화석연료 사용은 대기에 엄청난 탄소가스를

........................
3. 《중앙일보》, "1만2000명 목숨 앗아간 최악의 대기오염사고는?", 2017.10.14

배출했습니다. 그리고 이렇게 배출된 탄소가스가 대기의 온도를 올려 현재 지구온난화로 인한 온갖 심각한 기상이변을 일으키고 있는 것입니다.

## 편리함에 취해온 날들에 날아온 값비싼 청구서

산업사회는 공장이 계속 굴러가야 지속될 수 있습니다. 따라서 끊임없이 우리의 소비를 부추기도록 매스미디어(mass media)의 역할이 강화되어왔습니다. 오며가며 광고에서 접하는 멋지고 윤택한 삶은 상대적으로 현재 우리의 삶을 비루해 보이게 만듭니다. 그러다 보니 할부든 빚을 내서든 또 지갑을 열어 소비를 하게 되는 거죠. 당장 돈이 없어도 물건을 살 수 있게 만드는 신용카드 또한 소비 증진에 단단히 한몫을 하고 있습니다.

더불어 우리는 대량생산이 만들어내는 일상의 편리에 중독된 상태입니다. 한 번 쓰고 버리는 일회용 물품의 급격한 증가는 우리가 얼마나 편리함에 중독되어 있는지 잘 보여줍니다. 무심코 써온 일회용 비닐봉투, 일회용 컵, 일회용 나무젓가락, 생수를 담은 플라스틱 용기 등은 이제 모두 환경문제의 심각한 원인입니다.

일회용품에 사용되는 다양한 플라스틱은 비스페놀A라는 환경호르몬을 배출함으로써 심장과 뇌, 심지어 뼈까지 다양한 질병을 유발하게 만든다고 합니다. 물건 값을 계산하고 받게 되는 영수증에도 비스페놀A가 묻어 있기 때문에 주의가 필요하다는 보도도 있었습니다. 영수증을 받는 것조차 꺼림칙한 세상입니다.

여기서 끝이 아닙니다. 이제 우리가 생각 없이 버린 플라스틱은 바다로까지 흘러들었습니다. 미국의 하와이 제도에 있는 미드웨이라는 섬은 새들의 낙원으로 불리던 곳이었죠. 그런데 이곳에 서식하던 새들이 점차 죽어가기 시작했는데, 죽은 새들의 배 속에는 플라스틱이 들어 있었습니다. 플라스틱 때문에 죽어 나가는 바닷새들은 연간 100만 마리에 이른다고 합니다. 그런데 피해를 입는 것은 비단 새들뿐만이 아닙니다. 바다에 떠다니는 플라스틱을 먹이인 줄 알고 먹어서 죽어가는 거북이의 숫자도 해마다 10만 마리에 이르고 있습니다.

1997년 태평양 한가운데 새로운 섬이 생겨났는데, 바로 플라스틱 섬이었습니다. 게다가 이 섬의 크기는 무려 우리나라의 14배에 이른다고 합니다. 정말로 심각한 문제는 바다에서 끊임없이 표류하는 플라스틱이 잘게 부서져 점점 작아지는 데 있습니다. 작게는 나노미터까지 작아지는데, 이렇게 작아진 플라스틱을 먹은 물고기가 우리의 식탁에 오르고, 우리는 그 플라스틱을 다시 섭취하게 되는 악순환이 이어지게 되는 것입니다.[4]

## 12시가 되면 인류는 살아남을 수 없다

환경위기가 심각한 이유는 그 피해가 현재에 머무르지 않고 미래 세대까지 지속적으로 악영향을 끼치기 때문입니다. 이러한 이유로

......................
4. EBS 〈NEWS G〉 "플라스틱의 역습", 2015.04.22

환경을 걱정하는 과학자 및 NGO(비정부기구) 등은 '환경위기시계'를 만들어 우리에게 환경문제의 심각성을 경고하고 있습니다. '환경위기시계'로 밤 12시가 되면 지구는 더 이상 인류가 살 수 없는 곳이 되어버린다고 합니다. 그리고 이미 대부분의 나라가 저녁 9시를 지나고 있다고 합니다.

그저 순간의 편리함을 추구했던 행위가 결과적으로 우리에게 심각한 위협으로 돌아오고 말았습니다. 그렇다면 인간이 지향해온 편리함의 추구는 과연 현명한 판단이었다고 말할 수 있을까요? 환경문제는 문명의 이기(利器)가 어떻게 우리 자신과 우리를 둘러싼 환경에 심각한 영향을 미칠 수 있는지 돌아보게 합니다.

익숙함을 넘어 중독이 되어버린 온갖 편리에서 우리는 과연 벗어날 수 있을까요? 당장 커피숍에서 일회용컵 사용을 자제하고 텀블러를 사용할 수 있을까요?[5] 비닐봉투의 사용을 자제하고 일회용품 사용을 자제할 수 있을까요? 쉽진 않을 것입니다.

하지만 만약 우리가 일상에서 중독된 편리함에서 벗어날 수 있다면 환경도 우리에 대한 공격을 점차 멈춰가지 않을까요? 우리가 잊지 말아야 할 것은 '온생명'의 개념이 알려주는 바와 같이 다양한 생명이 함께 살아갈 수 없는 곳이라면 우리 인간도 더 이상 살아갈 수 없다는 점입니다. 더 늦기 전에 우리 모두가 지구의 환경을 보호하는 일에 함께 나서야 하지 않을까요?

........................
5. 이제 매장 내에서 일회용 컵을 쓰지 못하도록 규제하고 있는데, 아직까지는 직원과 고객 모두 불편을 호소하고 있지만, 함께 불편을 극복해야 할 것이다.

산업화로 인한 발전은 분명 우리 인간에게 많은 혜택을 안겨주었습니다. 하지만 발전이 주는 편리에 취해 그동안 외면해왔던 환경문제가 마침내 우리의 생존까지 위협하고 있다는 점은 참담한 일이 아닐 수 없습니다. 이제 다음 질문에 대해 자유롭게 생각해보고, 친구들과 함께 서로의 생각을 나누며 토론해보는 시간을 가져보면 어떨까요? 답이 정해진 질문이 아니므로 자유롭게 생각하고 마음껏 토론해보세요.

1. 환경 보호를 위해 우리는 지금껏 누려온 편리함을 포기할 수 있을까요?

2. 1970년부터 4월 22일을 '지구의 날'로 정하여 기념하고 있습니다. 지구를 지키기 위해 우리가 할 수 있는 일들은 무엇이 있을지 생각해보면 어떨까요?

# 기술은 재앙인가,
# 아니면 희망인가?

여러분은 이미 귀가 따갑도록 4차 산업혁명이라는 말을 들어 보았을 것입니다. 그렇다면 4차 산업혁명이란 무엇일까요? 4차 산업혁명이란 "AI(인공지능) 기술을 핵심동인으로 상품·서비스의 생산·유통·소비 전 과정에서 모든 것이 연결되고 지능화"되는 혁명적 변화를 지칭한다고 되어 있습니다. 4차 산업혁명을 특징짓는 핵심 기술로는 3D 프린팅, AR/VR(인공현실, 가상현실), IoT(사물인터넷) 등이 있습니다.[6]

4차 산업혁명의 주요한 특징은 바로 모든 것이 연결된다는 것이라고 하겠습니다. 그리고 그중 가장 중요한 연결은 바로 온라인(on-line)과 오프라인(off-line)의 연결, 즉 현실과 인터넷의 세계가 연결된다는 점입니다.

........................
6. 제5차 신산업 민관협의회, 〈산업부 장관 발표자료〉, 2017.4.12

## 경계를 허물고 모든 것이 연결된 세상

여러분도 3D 프린터를 알고 있을 것입니다. 하지만 기존 프린터와 달리 평면이 아닌 입체물로 출력이 가능한 기계 정도로만 알고 있을지 모릅니다. 하지만 3D프린터의 진면목은 '공장'과 '가정'의 경계를 허물고, 이 둘을 연결시켜줄 주요 매개체라는 데 있습니다. 미래에는 필요한 물건이 있으면 인터넷에서 상품을 클릭하는 순간 집에 있는 3D 프린터가 출력해줄 것입니다. 공장이 내 집 안으로 들어오게 되는 거죠.

더불어 AR과 VR은 우리가 경험할 수 있는 물리적 공간의 한계를 허물어 지금까지 경험해보지 못한 새로운 경험과 연결시켜줄 것입니다. 머지않은 미래의 역사 수업시간에는 VR을 경험할 수 있는 VR헤드셋을 착용하면 어느 시대로든 훌쩍 시간 여행을 떠날 수 있게 될 것입니다.

더불어 각각의 사물들이 인터넷과 연결되면서(IoT) 개인 맞춤형 서비스가 일상의 삶을 변화시킬 것입니다. 예컨대 저울에 올라 몸무게를 재면, 사물인터넷이 연결된 체중계는 나의 늘어난 몸무게 정보를 냉장고로 보내줍니다. 정보를 받은 냉장고는 다이어트 식단을 제안하고, 이와 관련된 채소와 음식 재료들을 알아서 척척 주문해놓고 적절한 레시피까지 알려줄 것입니다.


## 나도 모르게 쌓여가는 나에 대한 정보

사물인터넷(IoT) 기술의 발달과 함께 개개인의 다양한 정보는 기업

#가까운 미래 #수업시간에_ 시간여행이라니? #졸음이_ 싹 달아나는_ 흥미진진 수업 #정말_
이런 세상이_ 올까?

의 대용량 저장장치인 클라우드에 축적됩니다. 오늘날에는 70일에 한 번씩 두 배로 데이터가 클라우드에 축적된다고 합니다. 검색해본 다양한 사진과 내비게이션을 통해 탐색한 개인의 이동경로, 자주 읽는 기사 내용, 물건들의 구매 이력 등이 기업 저장소에 쌓이면 개인의 취향은 물론 정치적 성향, 경제적 사정, 이동경로 등이 모두 그들의 저장 공간에 데이터의 형태로 쌓이고 분석되며, 이후 개인에게 맞춤형 편의를 제공하는 데 활용됩니다.

그런데 이런 식으로 축적된 거대한 양의 데이터가 오직 각 개인을 위한 맞춤 서비스 제공을 위해서만 사용되는 건 아닙니다. 최근 메이저 IT 기업들이 선거철에 회사가 축적해온 개인정보를 정부에 무단으로 제공함으로써 사회적 문제를 일으키기도 했습니다. 페이스북의 경우 2016년 미국 대선에서 도널드 트럼프의 선거캠프에 5000만 명의 개인정보를 제공함으로써 사회적 물의를 일으켰습니다.

조지 오웰(George Orwell)의 소설 《1984》에 등장한 가상의 국가 오세아니아의 최고 권력자를 의미하는 '빅브라더'의 출현을 이제 실제로 목격하게 되는 건 아닌지 하는 불안감이 점점 더 커지고 있습니다. 권력자와 다른 생각을 가진 사람들이 누구인지 알게 될 때, 권력자들이 내리게 될 정치적 결정에서 공정성을 기대하기란 어려울 것이기 때문이죠.

### 기계에 일자리를 내준 인간의 미래는?

더불어 AI 기반의 인공지능 로봇의 등장으로 많은 사람들이 우려하는 지점 중 하나가 바로 일자리의 급격한 감소입니다. 증기기관으로 시작된 1차 산업혁명, 컨베이어벨트와 전기동력에 의한 2차 산업혁명, ICT와 결합된 부분자동화가 가능해진 3차 산업혁명 시대까지만 해도 생산을 주도하는 담당자는 인간이었습니다. 생산을 주도하는 노동자들을 위한 다양한 정책과 지원이 이루어진 것 또한 이들이 많은 세금을 내고 정치에 영향력을 행사해왔기 때문이죠.

하지만 4차 산업혁명 시기에 들어서자 인간은 더 이상 과거와 같이 생산의 주체로서 자리를 지키기 어려운 상황에 내몰리고 있습니다. 2016년 독일계 스포츠용품 업체 아디다스는 2017년부터 아시아 지역에 있는 공장을 독일 내 바이에른의 스마트 팩토리(smart factory)로 옮겨와서 생산하기로 결정했습니다. 이 공장은 연간 50만 켤레를 생산하는데, 필요한 직원은 고작 10명뿐입니다.[7] 기존에는 600명의 인력이 필요한 과정이었지만, 로봇과 자동화로 인해 10명으로도 충분히 운영할 수 있게 된 거죠. 그렇다면 나머지 590명은 이제 어디로 가야 할까요?

인공지능 로봇들은 밤새 일해도 피로를 호소하지도 않고, 잠도 자지 않으며, 임금인상도 요구하지 않습니다. 게다가 우리 인간과 달리 회사 차원의 복지 정책을 마련해달라며 집단행동을 하거나 파업으로 실력행사를 하지도 않습니다. 그런데 불만 없이 맡긴 일까지도 척척 해낸다면 기업 입장에서는 이러한 편리하고 유능한 노동

---

7. 《프레시안》, "아디다스의 독일 귀환, 50만 켤레 생산 공장에 인간은 10명", 2018.1.23

력을 마다할 이유가 전혀 없을 것입니다.

자본주의 경제를 비판적으로 분석했던 마르크스(Karl Heinrich Marx)는 과학기술이 발달하면 생산력이 혁신적으로 증대하고, 이를 바탕으로 노동자와 사용자, 즉 노사 간에 새로운 생산관계가 형성될 거라고 보았습니다. 18세기 산업화가 진전되면서 엄청나게 증대한 생산력을 통해 만들어진 이윤이 사용자와 노동자에게 균등하게 분배되지 못하고 사용자에게만 집중되면서 심각한 빈부격차가 생겨납니다. 마르크스는 이러한 빈부격차야말로 자본주의를 몰락시키는 위험요인이 될 거라며 경고한 바 있습니다.

## 어떤 미래를 만들어갈지는 우리의 선택에 달렸다

4차 산업혁명으로 스스로 판단하고 움직이는 인공지능 로봇이 일반화됨으로써 분명 머지않아 인간의 상상을 초월하는 생산력을 갖춘 사회가 될 것입니다. 아마도 지금껏 경험해보지 못한 새로운 과학기술이 펼쳐지며 인간의 편리함이 극대화된 사회일 테지요. 궂은 일은 전부 로봇이 대신해준다면 인간은 모두 왕처럼 편안하게 살아갈 수 있지 않을까요?

하지만 안타깝게도 이러한 문명의 이기를 누릴 수 있는 사람은 충분한 경제적 능력을 가진 소수일 수밖에 없습니다. 누릴 수 있는 것은 많아도, 그것을 누릴 만한 여건이 안 되는 사람이 더 많아질 것이라는 뜻입니다. 누리는 자와 누릴 수 없는 자의 불균형, 이러한 비대칭성이 유지되는 사회를 과연 이상적인 사회라고 할 수 있을까요? 이러한 이유로 많은 미래학자와 경제학자들이 기본소득의 필요성을 이야기하는 것입니다. 기본소득이란 국민이라면 누구나 인간다운 삶이 가능하도록 기본적인 소득을 국가가 지급해주어야 한다는 정책을 의미합니다.

그렇다면 이를 위한 재원은 어떻게 마련해야 할까요? 기업에게 '로봇세'를 부과하여 이러한 재원을 마련해야 한다는 주장이 주목을 받고 있습니다. 마이크로소프트의 창업자인 빌 게이츠(Bill Gates)는 웹사이트 '쿼츠(Quartz)'와의 인터뷰에서 "사람은 일을 하면 수입이 생기게 되고, 국가는 그 수입에 세금을 부과하여 정부의 재원으로 활용하지만, 로봇은 일을 해도 세금을 지불하지 않는다. 따라서 로봇에게 세금을 부과함으로써 세수 부족을 보충하고, 동시에 자동화의 확산을 늦춰 사회가 로봇으로 인해 발생하는 일자리 감소와 사회적 영향을 상쇄할 방법을 찾아낼 수 있도록 시간을 벌어야 한다"라고 주장했습니다.[8] 사실 이러한 '로봇세' 도입 주장에 대해서는 테슬라의 CEO인 엘론 머스크와 페이스북 창업자인 마크 저커버그(Mark Elliot Zuckerberg) 등도 긍정적인 입장입니다.

인공지능 로봇을 통해 엄청나게 발달된 생산력과 재화를 바탕으로 하여 모든 사람들이 힘겨운 노동에서 벗어나 인간답게 여가를 누리며, 자신이 하고 싶은 일을 마음껏 하면서 행복하게 살아가는 세상을 만들 수 있다면 어떨까요? 각 마을 공동체에서 자신이 원하

..........................
8. CIO, "빌게이츠가 맞다, 로봇세를 부과할 시점이다", 2017.3.9

는 창작 활동이나 나눔 활동을 하는 데 과학기술의 발달을 적절히 이용하고 활용할 수 있다면 어떨까요?

혁명이란 기존의 패러다임으로 해결되지 않는 문제에 대한 새로운 패러다임으로 문제 상황을 해결해나갈 수 있을 때 주어지는 이름입니다. 현재 너무나 많은 노동시간과 과열된 경쟁으로 힘들어하는 우리나라의 문제를 4차 산업혁명의 기술력들로 해결할 수 있다면 우리가 이를 거부할 이유는 없을 것입니다. 오히려 두 손 들어 환영해야 하지 않을까요? 다만 관건은 그 혜택을 어떻게 함께 나누는가에 있을 것입니다. 미래는 우리가 만들어가는 것입니다. 따라서 앞으로 우리가 어떤 정치적 결정을 내리고, 어떤 사회를 만들지가 중요하다는 점은 더욱 자명해졌습니다.

4차 산업혁명은 분명 미래 사회의 해법을 제안하는 새로운 패러다임인 것은 분명합니다. 다만 그 혜택을 누릴 수 있는 것은 소수에 불과하고, 나머지 대다수는 지금과 비교할 수 없는 참담한 현실을 맞이할 수도 있다는 점에서는 경계가 필요합니다. 이제 다음 질문에 대해 자유롭게 생각해보고, 친구들과 함께 서로의 생각을 나누며 토론해보는 시간을 가져보면 어떨까요? 답이 정해진 질문이 아니므로 자유롭게 생각하고 마음껏 토론해보세요.

1. 우리의 개인정보가 기업의 클라우드에 차곡차곡 저장되는 것에 대해 바람직하다고 생각하나요?

2. '로봇세'를 도입하는 것에 대해 기업과 시민 각각의 입장에서 함께 논의해보면 어떨까요?

3. 과학기술이 진정으로 인간의 삶을 증진하는 데 도움이 되기 위해서는 어떤 장치들이 필요하다고 생각하나요?

## 우리는 우리 수준에 맞는 국가를 가질 뿐이다

교과서를 보면 국가의 구성 요소는 크게 세 가지로 나뉩니다. 여러분도 알다시피, 바로 '국민'과 '주권' 그리고 '영토'입니다. 영토인 땅은 자신을 국가라고 말하지 않습니다. 사회계약론자인 루소는 주권을 가리켜 국토 안에 살아가는 국민들의 일반의지(General will)를 바탕으로 만들어진다고 했죠. 따라서 국가의 구성 요소 중 가장 중요한 것은 바로 국민의 의지라고 볼 수 있을 것입니다.

### 정부를 선택하는 것은 결국 국민

국민들의 뜻이 곧 국가의 핵심이며, 국민의 의지를 반영해 국정을 운영할 책임은 '정부'에 주어집니다. 하지만 근대 국가에 이르러 공동체의 규모가 커졌기 때문에 직접 민주주의는 어려워졌습니다. 이러한 이유로 불가피하게 국민의 의사를 국정에 반영해줄 대표를 선거로 뽑는 간접 민주주의를 실행하는 거죠. 그렇다고 국가의 기반인 국민의 권리가 멈추는 것은 아닙니다. 정부는 국민의 의사를 대신하여 잘 집행하라고 잠시 맡겨준 자리이므로, 정부의 수장은 국민의 뜻을 받들어 국정을 잘 운영해야 합니다.

결국 어떠한 성격의 정부를 선출할 것인지는 국민의 손에 달린 셈입니다. 국민들이 가진 현재의 정치의식을 바탕으로 해서 그들을 대표할 직업 정치인을 뽑는 것이니까요. 따라서 현재 국가의 수준을 결정하는 건 그 국가를 구성하는 국민의 의식 수준에 달렸다고 볼 수 있습니다. 토크빌(Charles Alexis Clérel de Tocqueville)은 이러한 이유에서 "모든 국민은 자신들의 수준에 맞는 정부를 갖는다"고 말하기도 했습니다. 그런데 지금까지 우리 국민들은 과연 올바른 정치인들을 뽑아왔을까요?

국민 자신이 옳다고 생각하는 나라를 만들고자 한다면 정치에 적극 관심을 가져야 합니다. 즉 어떤 정치인이 국민의 의지를 잘 반영하여 국정을 운영할지 관심을 기울여 선거에 참여하고, 국정 운영에 관한 여론에도 적극 참여해야 하죠. 만약 국민들이 정치에 관심을 갖지 않게 된다면 어떻게 될까요? 이에 대한 답은 플라톤의 다음의 말에서 찾아볼 수 있습니다.

가장 큰 벌은 만약 자기 자신을 지배할 생각이 없다면, 자기만 못한 사람의 지배를 받는다는 것일세.

-플라톤,《국가》, 1권 347c

## 주인이 귀를 막고 눈을 감은 배의 최후

국가를 지배하는 것은 국민이어야 합니다. 민주주의란 국민이 자기 스스로를 지배하는 것입니다. 절대왕정 시대의 태양왕 루이14세는 "짐이 곧 국가다!"라고 했다는데, 민주주의에서는 왕이 아닌 국민이 곧 국가여야 합니다. 그런데 지금까지 근대 국가의 모습은 솔직히 이러한 모습에서 한참 벗어나 있었죠. 다음 이야기를 통해 한번 생각해볼까요?

국가는 바다를 항해하는 배와 같다. 배가 항해를 무사히 마치고 항구에 도착하는 것이 배의 주인, 즉 국가의 주인인 국민의 바람이다. 이 배의 주인은 선원들보다 키도 크고 힘도 세지만, 귀가 잘 안 들리고 눈도 잘 안 보인다. 항해에 대해서는 선원들보다 잘 알지 못한다. 이런 상황에서 선원들은 서로 배를 조종하겠다며 다툰다. 선원들은 배의 주인을 둘러싸고 자신에게 조종을 맡기라며 온갖 방법을 동원해 달콤한 말을 건넨다. 때때로 선원들은 주인에게 자신들의 주장을 이해시키는 데 실패하고, 주인이 다른 사람의 말에 귀 기울이면 그 사람을 살해하거나 바다로 던져버린다. 심할 때는 주인에게 술을 많이 먹이거나 최면제를 먹여 몸을 가누지 못하게 만들어, 배에 있는 음식과 재물을 마음대로 즐기면서 항해한다.[9]

......................
9. 허지만 외, 《고등학교 창의지성 더불어 사는 민주시민》, 경기도교육청, 2014, 110쪽

위의 이야기에서 배의 주인들을 '귀가 잘 안 들리고 눈도 잘 안 보인다'라고 묘사한 것은 우리에게 많은 점을 생각하게 해줍니다. 국민들 중에는 생업에 바쁘다는 핑계로, 때로는 나와는 별 상관이 없다는 이유로, 때로는 그저 귀찮아서 정부가 하는 일에 대해 아예 눈과 귀를 닫아버리는 경우도 많습니다. 그리고 항해에 대해 선원들보다 잘 알지 못할 뿐만 아니라, 잘 알고 싶어 하지 않는 경우도 있을 것입니다.

선원들은 자신들에게 배를 운영할 수 있는 권한을 넘겨달라며 온갖 방법을 동원해 달콤한 말을 내뱉습니다. 주인들은 그 달콤함에 현혹되어 그 이면에 숨겨진 못된 선원들의 나쁜 의도를 파악하지 못한 채 배의 운영권을 선뜻 내어주기도 했을 것입니다. 못된 선원들은 배의 주인들에게 최면제까지 먹입니다. 국민들을 바보로 만드는 것입니다. 1980년대에는 컬러텔레비전의 대량 보급을 바탕으로 한 스크린, 스포츠, 섹스의 3S정책을 펼쳤는데, 국민 우민화 정책의 씁쓸한 단면을 보여줍니다.

심지어 그 못된 선원들은 배에 있는 온갖 재물을 제멋대로 챙겨 호의호식하며 자기 재산을 불립니다. 때로는 아예 다른 배로 슬쩍 빼돌리기도 하지요. 그렇게 못된 짓을 수도 없이 자행하면서도 자신들은 우리 배를 위해 너무나 많은 노력을 기울이고 있으며, 배와 배의 주인만을 생각하며 배의 주인들의 뜻을 받드느라 힘들다며 온갖 생색을 내는 데 열을 올립니다. 그리고 자신들의 주장은 다수 배 주인들의 뜻에서 나온 것이라고 매번 이야기합니다. 그러더니 배를 위해 배 주인들의 희생마저 강요합니다. 이쯤 되니 이제 이 배의 주인이 혹시 선원이 아닌지 헷갈리기 시작합니다. 누가 이 배의 주인인가요?

우리는 지금까지 이러한 못된 선원들의 모습을 숱하게 보아왔습니다. 잘못된 선원에게 배를 맡겼을 때, 그 배의 주인들은 물론 주변 배들의 주인들까지 어떤 비극적인 결과를 맞이하게 되는지 역사는 잘 보여줍니다.

2차 세계 대전을 일으켰던 독일의 최고 지도자였던 히틀러(Adolf Hitler)는 독일 국민들에게 이렇게 이야기했습니다. "난 독일만 받들며 살 것입니다. 이것은 나의 소명이었습니다. 오직 하나, 나는 독일만 생각합니다." 독일 국민들에게는 이 말이 참으로 매력적으로 다가왔을 것입니다. 하지만 결국 잘못된 국가주의가 불러올 수 있는 최악의 사례를 독일 국민들에게 안겨주고 말았습니다.

## 어떤 모습의 국가에서 살고 싶은가?

국가는 당분간 지속될 것입니다. 국가와 같이 기본적인 국민들의 삶을 안정적으로 보장해줄 다른 집단이나 단체는 아직 존재하지 않기 때문이죠. 그렇다면 우리가 살아가는 국가가 어떤 모습이어야 할지에 대해 우리는 진지하게 고민해야 합니다.

국가는 기본적으로 국민의 행복한 삶을 보장해야 합니다. 파키스탄 경제학자 마붑 울 하크(Mahbub ul Haq)는 1990년 유엔개발계획의 《인간개발보고서》를 처음 발간하면서 이렇게 말했습니다.

한 국가의 진정한 부는 국민이다. 국민이 오랫동안 건강하고 창의적인 삶을 누릴 수 있는 환경을 만들어내는 것이 개발의 진정한 목적이다.

국가는 국민의 기본적인 건강과 이를 바탕으로 스스로 창의적인 삶을 누릴 수 있는 환경을 만들어주어야 합니다. 다음으로 국가는 다른 국가의 국민들도 존엄한 인간으로서 존중하며 교류할 수 있게 해야 합니다. 그래야 모든 국가들이 더불어 잘 지낼 수 있기 때문이죠. 내 나라가 소중하듯이 다른 나라도 소중하게 대할 수 있어야 잘못된 국가주의로 넘어가지 않고, 다른 나라들과 함께 평화롭게 지낼 수 있을 것입니다.

**넌 어떻게 생각하니?**

국가의 주인은 국민이라고 하는데, 정작 주인이 주인 노릇을 제대로 하지 못한 채 오랜 시간 동안 이리저리 휘둘려온 게 아닌가 생각됩니다. 이제는 우리 주인의 힘을 제대로 발휘할 때가 아닐까요? 다음 질문에 대해 자유롭게 생각해보고, 친구들과 함께 서로의 생각을 나누며 토론해보는 시간을 가져보면 어떨까요? 답이 정해진 질문이 아니므로 자유롭게 생각하고 마음껏 토론해보세요.

1. 만약 국가가 없다면 어떻게 될까요? 자유롭게 생각해봅시다.

2. 좋은 나라는 구체적으로 어떤 모습의 나라인가요?

3. 좋은 나라를 만들기 위해서 우리 국민들이 해야 할 일은 무엇이라고 생각하나요?

너의 믿음과 나의 믿음이
평화롭게 공존하는 세상

오래전 우리 조상들은 통제할 수 없는 두려운 자연 앞에서
나약하기 그지없는 존재였습니다. 그런데 호기심 많은 우리 인류의
조상들은 때로는 축복이, 또 때로는 재앙이 되기도 하는 이 알 수
없는 자연에 대해 더 많이 이해하고 싶어 했죠. 그들은 자연을 이해
하고자 던졌던 질문들을 모아 시(詩)로 표현하기도 했습니다.

> 태초의 일, 누가 들려주었던가?
>
> 형체 없던 하늘과 땅, 어떻게 해서 생겨났나?
>
> 해와 달이 뜨는 이치, 그 누가 알 수 있나?
>
> — 굴원, 〈천문(天問)〉 중에서

### 근원적 물음에 대한 답을 찾으려던 인류의 여정

호기심 많던 우리 인류의 조상들은 모든 문명권에서 다음과 같은

근원적인 물음에 대해 나름의 답을 찾기 위해 노력해왔습니다. '우주와 이 세상은 어떻게 만들어졌을까?', '인간은 왜 태어나고 죽는 것일까?', '죽음 이후에는 어떻게 될까?', '그렇다면 우리는 어떻게 살아가야 할까?' 바로 이러한 과정에서 각 문명권에서는 나름의 방식을 통해 다양한 종교들을 만들어낸 것입니다.

러시아 문학의 대부인 톨스토이(Lev Nikolayevich Tolstoy)는 "어떤 종교든지 '왜 나는 존재하며, 나를 둘러싸고 있는 무한한 세계를 어떻게 바라볼 것인가?' 하는 질문에 대한 해답을 담고 있다. 다시 말해 고등 종교든 원시 종교든, 종교는 세계를 어떻게 바라볼 것인가 하는 인간의 마음자세를 자세히 설명하고 있다"고 말합니다.

무한하고 광대한 우주와 자연 앞에 유한한 존재인 인간은 나약해질 수밖에 없습니다. 이에 인간은 절대적 힘을 가진 '신'에게 의지함으로써 이러한 유한성을 극복할 수 있으리라는 믿음을 갖게 된 게 아닐까요? 역사적으로 인간은 큰 전쟁을 앞두거나 자신의 힘으로 해결하기 힘든 일에 부딪힐 때면 신에게 의지하며 도움을 구하고자 하였습니다. 이러한 특성은 오늘날에 화를 피하고 복을 기원한다는 '기복(祈福) 신앙'의 형태로 남아 있습니다.

그렇다면 종교를 가진 사람들은 과연 행복할까요, 아니면 불행할까요? 이 질문에 대해 재일학자인 강상중 교수는 매우 행복할 것이라고 말합니다. 왜냐하면 인생에서 만나게 되는 어려운 문제에 대해 하나하나 의문을 느끼거나 스스로 의미를 찾아내려 고민해야 할 필요가 없기 때문이라는 거죠. 예를 들면 '나는 왜 태어났을까?', '나는 왜 불행할까?', '왜 병에 걸렸을까?', '왜 사람을 존경해야 하는 걸까?', '왜 일을 해야 할까?', '죽음이란 무엇일까?' 등등 이런 수많은 질문에 대해 종교가 답을 알려주기 때문이라는 것입니다. 어떤 측면에서 보면 종교를 가진 사람들은 신의 규율에 의해 구속되고 속박을 당하는 불행한 사람이라고 여겨질지 모릅니다. 하지만 또 다른 측면에서 보면 그들은 인생의 온갖 어려운 질문에 대해 분명한 해답을 가진 채 살아가기에 불행하지 않다고 볼 수도 있다는 뜻입니다.[10]

어떻게 보면 이러한 근원적 물음에 대해 종교가 제시하고 있는 다양한 답들은 인간이 그동안 축적해온 지혜의 보고라고 할 수 있지 않을까요? 각각의 종교가 보여주는 이러한 지혜들은 여전히 삶의 의미에 대해 끊임없이 고민하고 있는 현대인들에게 가르침과 통찰력을 제공해주고 있기 때문입니다.

## 신의 뜻대로 행동하는 것이 곧 도덕일까?

종교는 사람들이 무엇을 해야 하고, 무엇을 하면 안 되는지에 대한 일련의 규범체계를 가지고 있습니다. 이러한 이유로 종교는 과거 특정 지역의 종교 집단 내 도덕규범으로서의 역할을 해왔습니다.[11] 그런데 이러한 규범은 어떻게 정당화될까요? 대표적으로 신이 그

........................
10. 강상중, 《고민하는 힘》, 사계절, 2009. 98~99쪽 참고
11. 사실 아직도 지구 곳곳에는 종교적 규범을 도덕규범과 동일시하는 사람들이 존재한다.

규범이 옳다고 명령했기 때문이라는 입장이 있습니다. 이를 가리켜 '신명론(divine command theory)'이라고 합니다. 이러한 입장에서는 절대적으로 선한 신이 존재하며, 그가 명령한 것은 절대적으로 선하고, 그러하기에 신의 명령을 따르는 행위가 도덕적으로 옳은 행위가 된다고 생각합니다.

만약 선함의 기준이 한 지역이나 특정 종교 문화권 안에서만 작동한다면 심각한 문제가 발생하지는 않았을 것입니다. 하지만 다양한 이동 수단이 발명되면서 다른 문화권과 접촉할 수 있게 되었죠. 그러자 다른 문화권에서 믿고 있는 종교와 자신이 믿고 있는 종교 사이의 불일치를 발견하게 된 것입니다. 세계사를 돌아보면 이러한 종교적 불일치로 인해 인류가 다양한 갈등과 전쟁의 뼈아픈 역사를 경험해야 했음을 알 수 있습니다.

이러한 이유로 차라리 종교가 없는 것이 인류에게 더 바람직하지 않겠냐는 주장도 나옵니다. 특히 이러한 주장을 적극적으로 펼치는 진화 생물학자인 리처드 도킨스는 그의 책 《만들어진 신(The God Delusion)》에서 다음과 같이 종교의 폭력성을 이야기합니다.

> 존 레논의 노랫말처럼 상상해보라, 종교 없는 세상을. 자살 폭파범도 없고, 911도, 런던 폭탄테러도, 십자군도, 마녀사냥도, 화약음모 사건(1605년 영국 카톨릭교도가 계획한 제임스 1세 암살미수 사건)도, 인도 분할도, 이스라엘과 팔레스타인의 전쟁도, 세르비아와 크로아티아와 보스니아에서 벌어진 대량학살

도, 유대인을 '예수 살인자'라고 박해하는 것도, 북아일랜드 '분쟁'도, 명예살인도, 머리에 기름을 바르고 번들거리는 양복을 빼입은 채 텔레비전에 나와 순진한 사람들의 돈을 우려먹는 복음 전도사(신은 당신이 거덜 날 때까지 기부하기를 원합니다)도 없다고 상상해보라. 고대 석상을 폭파하는 탈레반도, 신성 모독자에 대한 공개처형도, 속살을 살짝 보였다는 죄로 여성에게 채찍질을 가하는 행위도 없다고 상상해보라.[12]

자신이 믿는 종교가 절대적이라는 믿음 때문에 다른 종교를 가진 사람들에 대해 너무나 가혹했던 역사를 우리는 기억합니다. 그러니 이제 다양한 종교가 한 문화권 안에 공존하게 될 때 어떤 태도를 견지해야 할지에 대해 우리는 고민해야 하지 않을까요? 이러한 문제에 대해 우리는 종교학자인 정진홍 교수의 다음과 같은 말에 귀를 기울일 필요가 있습니다.

종교인이든, 비종교인이든 상상력의 공간을 확보했으면 좋겠어요. 과거에는 특정 문화권에서 단 하나의 종교가 있는 종교의 시대였습니다. 그런데 이제는 복수 종교의 시대가 되었거든요. 그런데 종교의 시대에 사용하던 언어를 여전히 구사하니까 적합성이 없는 겁니다. …중략… 그럴 때 과연 내 언어에 적합성

12. 리처드 도킨스, 《만들어진 신》, 김영사, 2007, 7-8쪽

이 있는지 돌아보고, (종교적) 규범의 강제를 떠나 다른 상황을 상상할 수 있는 열린 자세가 필요합니다.

이러한 열린 자세는 각각의 보편 종교가 갖고 있는 보편적인 교리에서도 확보할 수 있지 않을까요? 보편 종교에서는 이웃을 사랑하라고 가르치며, 평화와 자비, 선의 실천을 통해 공동체에 기여해야 한다는 가르침을 확인할 수 있습니다. 이러한 가르침은 석가모니, 소크라테스, 예수, 공자 그리고 마호메트 또한 동일합니다.

종교의 가르침은 인류의 소중한 지혜의 보고이며, 상상력의 원천임을 부인할 순 없습니다. 하지만 앞으로 다른 종교와 함께 공존하기 위한 상상력을 발휘하지 않는다면 새뮤얼 헌팅턴(Samuel Huntington)[13]이 우려했던 '문명의 충돌'은 우리 삶을 심각하게 위협하고 말 것입니다. 이제 다른 종교를 가진 사람들과 어떻게 공존할 것인지 대화를 시작해야 할 시점이 아닐까요?

넌 어떻게 생각하니?

유한한 존재인 인간은 절대적인 힘을 소유한 신을 통해 유한성을 극복하려 했습니다. 때론 어떤 종교적 시각을 갖느냐에 따라 상대를 가차 없이 핍박할 명분이 되기도 했지요. 이제 다음 질

13. 《문명의 충돌》 저자로 '문명충돌론'으로 널리 알려진 미국의 정치학자이다.

문에 대해 자유롭게 생각해보고, 친구들과 함께 서로의 생각을 나누며 토론해보는 시간을 가져보면 어떨까요? 답이 정해진 질문이 아니므로 자유롭게 생각하고 마음껏 토론해보세요.

1. 종교에서는 죽음 이후에 새로운 세계가 펼쳐진다고 이야기합니다. 천국이나 극락은 이러한 세계의 대표적인 예입니다. 천국과 극락이 필요한 이유가 있다면 그것은 무엇이라고 생각하나요?

2. "종교를 사랑하고 그것을 지켜가기 위해서 그것을 지키지 않는 사람을 미워하거나 박해할 필요가 없다"고 몽테스키외는 이야기했습니다. 이 말은 무슨 의미일까요? 이러한 태도가 가능하려면 어떤 노력을 기울여야 할까요?

'눈에는 눈, 이에는 이'가
과연 최선일까?

20세기, 세계는 1·2차 세계대전을 통해 인간이 얼마나 잔혹해질 수 있는지 다시금 확인했습니다. 두 차례의 세계대전 이후에도 아시아와 중동, 아프리카 등 세계 곳곳에서 발생하고 있는 내전 및 국가 간 전쟁은 아직도 끝나지 않았습니다. 우리나라 또한 뼈아픈 전쟁과 분단을 경험하였습니다.[14]

군이 전쟁까지 언급하지 않더라도 현재 우리 사회에는 집단 간의 다양한 갈등과 폭력으로 인해 상처받거나 소외되고, 심지어 목숨까지 잃는 사람들이 존재합니다. 이 땅 위에서 진정 모두가 평화로운 삶을 살아갈 순 없는 걸까요? 이러한 물음에 앞서 우리는 '평화란 무엇일까?'라는 물음과 마주하게 됩니다.

---

14. 2018년 9월 평양공동선언을 통해 '군사적대 종식, 핵 위협 없는 한반도'에 대해 남북이 합의함으로써 남북관계에 상당한 진전을 보이고 있는 게 사실이다. 하지만 아직까지 구체적인 정전협정은 맺지 못한 상태다.

## 평화란 무엇일까?

평화를 학문의 영역으로 만들어낸 노르웨이의 사회학자 요한 갈퉁(Johan Galtung)의 이야기는 '평화란 무엇인가'라는 질문에 중요한 메시지를 던져줍니다. 그는 평화를 소극적 평화와 적극적 평화로 구분했습니다. 소극적 평화는 직접적이고 물리적인 폭력이 없는 상태를 의미합니다. 전쟁이 멈추고 물리적 폭력으로 사람들이 죽거나 다치지 않게 되면 소극적 평화가 달성되었다고 할 수 있지요. 적극적 평화란 소극적 평화에서 한발 더 나아가 사회의 구조적이며 문화적인 폭력까지 사라진 상태를 의미합니다.

물리적 폭력은 가해자와 피해자가 분명히 드러나지만, 구조적이고 문화적인 폭력은 가해자와 피해자가 명확하게 드러나지 않는 법입니다. 구조적인 폭력은 정부의 잘못된 정책으로 인해 발생하기도 하며, 때로는 기업이나 특정 공동체의 관행이나 시책 등으로 인해 누군가가 고통을 받거나 어려움에 처하게 되는 상황에서 발생하기도 합니다.

만약 여성에게 불평등한 정책이나 관행이 있다고 합시다. 이로 인해 여성이 어려움에 처하거나 고통을 받게 된다면 바로 구조적 폭력이 되는 것입니다. 더불어 잘못된 입시정책으로 인해 학생들이 인간다운 삶을 살지 못하고, 배움의 즐거움을 느끼기는커녕 마치 강제노동인 양 교육으로 인해 고통받는다면 이 또한 구조적 폭력이라고 할 수 있습니다.

문화적 폭력이란 특정 종교나 사상, 언어, 예술, 과학, 법, 대중매체, 교육이 특정 이념에 사로잡혀 특정 집단이나 사람들을 배제하거나 억압할 때 발생합니다. 문화적 폭력은 구조적 폭력을 낳고, 구조적 폭력은 물리적 폭력으로 이어지기도 합니다.[15]

2차 세계대전 당시 독일은 유대인이 마치 인류에 해악을 끼치는 유해한 인종인 것처럼 유언비어를 만들어내고, 그들을 집요하게 차별하고 억압하는 정책을 펼쳤습니다. 급기야 유대인을 지구상에서 아예 사라지게 만들기 위해 홀로코스트(Holocaust)를 단행하게 됩니다. 이는 문화적 폭력에서 구조적 폭력으로 그리고 물리적 폭력으로 이어지는 폭력이 얼마나 위험천만한지를 보여주는 중요한 역사적 사건이 아닐 수 없습니다.

기존의 평화담론은 주로 안보나 전쟁방지에 초점이 맞춰졌습니다. 하지만 갈퉁은 여기에 머무르지 않고, 사회의 구조적이며 문화적인 폭력이라는 것을 제시함으로써 폭력의 범위를 확장시켰다는 평가를 받게 된 것입니다.

### 평화로운 세상은 과연 실현될 수 있는가?

그렇다면 어떻게 해야 폭력을 멈추고 평화를 가져올 수 있을까요? 우리가 살아가는 공동체는 다양한 이해집단으로 이루어져 있습니다. 다양한 이해관계가 서로 얽혀 있을 때 집단 간에 갈등이 발생하는 것은 당연한 이치입니다. 하지만 갈등이 심각해지면 폭력적인

---

15. 웅진환 외, 《논쟁하는 정치교과서2》, 신인문사, 2016. 32~34쪽 참고

상황이 발생함으로써 평화로운 상태가 위협받게 되지요.

국가 내에서 이러한 갈등을 해결하려면 먼저 다양한 이해관계를 가진 집단들의 여러 의견들이 자유롭게 표출될 수 있어야 하고, 이를 조정하기 위한 협의와 피해를 최소화하거나 손해를 감소시킬 수 있는 정책적 합의를 이끌어내야 합니다. 이러한 과정을 우리는 민주주의라고 하지요. 협의를 통해 정책을 결정하는 협의 민주주의가 제대로 정착된 사회에서는 집단들 간의 갈등과 대립을 잘 조정함으로써 평화를 유지할 수 있게 됩니다. 여기서 우리는 한 사회의 평화를 지켜내기 위해 민주주의의 가치를 구현하려는 노력이 꼭 필요하다는 점을 확인할 수 있습니다.

국제적인 차원에서의 평화는 국가 간에 이해관계의 조정과 어려움에 처한 나라에 대한 지원과 배려가 있어야 할 것입니다. 혹시 여러분은 소말리아라는 나라를 알고 있나요? 소말리아는 해적으로 악명이 높습니다. 하지만 소말리아 사람들이 원래부터 그렇게 호전적이었던 건 아닙니다. 과거에는 그저 평화롭게 살아가던 사람들이었지요. 하지만 유럽 열강이 이 나라를 지배했고, 자신들의 이해관계에 따라 국경을 나누더니 급기야는 독재 권력에게 나라를 넘겨주고 무책임하게 떠나버린 거죠. 이로 인해 수십 년간 내전에 시달리게 되는데, 1991년 내전으로 정부가 무너지자 소말리아는 무정부 상태에 빠지게 됩니다.

정부가 없는 상태를 틈타 수많은 외국 어선들이 소말리아 영해에 무단으로 침입해 엄청난 양의 물고기를 마구 포획해갔습니다. 심지어 많은 나라에서 자국의 방사능 폐기물을 소말리아 앞바다에 버리고 가버리는 일까지 발생하면서 소말리아 연안의 바다는 황폐해질 대로 황폐해지고 말았죠. 이제 소말리아의 어부들은 먹고 살 길마저 막막해졌습니다.

그들이 처음부터 해적이 되려고 마음먹었던 건 아니었을 것입니다. 소말리아 영해로 무단 침범하는 외국 어선들을 막기 위해서는 어부들도 무장을 해야 했을 테니까요. 일종의 수호대를 조직했던 거죠. 하지만 당장 먹고 살기도 어려운 절박한 상황에 처하다 보니 손쉽게 외국 어선을 납치해서 인질의 몸값을 받아내는 방식으로 점차 변질되어간 것입니다. 바로 이것이 소말리아가 해적으로 유명해지게 된 속사정입니다.

외국 어선을 인질로 잡아 몸값을 요구하는 행위는 분명 비인도적이며 비도덕적입니다. 따라서 이는 비난받아 마땅합니다. 하지만 그들이 그렇게 될 수밖에 없었던 구조적인 이유를 들여다보고도 과연 비난만 할 수 있을까요? 우리가 세계의 평화를 원한다면 이러한 국가 간 불평등과 구조적 폭력의 상황을 개선하기 위한 국제사회의 노력이 절대적으로 필요하다는 것을 알 수 있습니다.[16]

마지막으로 평화는 지속 가능할 때 그 가치가 있다고 할 것입니다. 한번 평화가 이루어졌다고 해도 안심할 순 없습니다. 언제든 폭력이 다시 고개를 들 수 있으니까요. 그렇다면 지속 가능한 평화를

16. 웅진환 외, 《논쟁하는 정치교과서2》, 신인문사, 2016. 242~244쪽 참고

이 아름다운 나라에 사람에 의해 사람이 억압받는 일이 결코, 결코 다시 일어나서는 안 된다.

자유가 흘러넘치도록 하자. 아프리카에 신의 축복이 있기를!

-1994년 넬슨 만델라 대통령 취임 연설 중에서

#눈에는 눈_ 이에는 이_ 이게 정말 최선인가요? #용서 #화해 #적에게도_ 악수를 청하는_ 용기

위해 우리는 어떤 노력을 기울여야 할까요?

남아프리카공화국의 넬슨 만델라(Nelson Mandela)의 실천은 지속 가능한 평화에 대해서 우리에게 의미 있는 메시지를 줍니다. 넬슨 만델라가 대통령이 되기 이전 남아프리카공화국은 흑인차별정책인 '아파르트헤이트(Apartheid)'[17]로 수많은 흑인들이 인간 이하의 취급을 받으며 고통받는 구조적 폭력에 시달리고 있었습니다.

넬슨 만델라는 이러한 상황을 딛고 당선된 남아공 최초의 흑인 대통령입니다. 당선된 넬슨 만델라는 '진실과화해위원회'를 통해 흑인들에게 폭력을 행사했던 백인들과 화해하고 공존하는 길을 제시했습니다. 즉 백인들의 과거 잘못에 대해 응보주의로 응수해 처벌한 것이 아니라, 그들이 잘못을 인정하고 고백하면 과거의 잘못을 용서하고, 복수 대신 화해의 손길을 내밀었던 거죠. 상대방을 비인간화하지 않고 용서함으로써 상대방뿐만 아니라 자기 자신도 인간다움을 유지할 수 있다는 생각을 실천한 것입니다.[18]

'눈에는 눈, 이에는 이'라는 응보적 정의관에서 벗어나 피해 당사자와 가해자의 깨어진 관계를 회복하고, 피해 입은 모든 사람의 상처를 최대한 아물게 해 정상적이고 평화로운 삶이 가능하도록 만드는 것이야말로 이상적인 길이 아닐까요? 바로 이러한 관점이 회복

........................
17. 남아공의 극단적 인종차별정책과 제도로 인종별 분리의 발전을 추진하는 한편, 다인종사회적 현장 속에서 유색인종의 참정권을 부정하고, 사회·경제적으로 백인 특권의 유지·강화를 시도했다.
18. 《경향신문》, 이동기 [평화텍스트 12선(11)] 데스먼드 투투, '용서없이 미래없다', 2013.3.31 참고

적 정의관입니다. 이제 우리 모두 회복적 정의관에 관심을 기울여야 할 때입니다. 회복적 정의관으로 우리 삶의 갈등과 폭력을 치유할 수 있다면 우리의 삶도 지속 가능한 평화를 구축할 수 있지 않을까요?

**넌 어떻게 생각하니?**

인류는 역사상 수많은 갈등과 이해관계 속에 잔인한 전쟁을 치르며 무고한 희생자들을 수없이 양산해왔습니다. 그리고 아직도 세계 곳곳에는 갈등과 전쟁이 끊이지 않습니다. 여러분은 진정 평화로운 세상에서 살고 싶지 않나요? 이제 다음 질문에 대해 자유롭게 생각해보고, 친구들과 함께 서로의 생각을 나누며 토론해보는 시간을 가져보면 어떨까요? 답이 정해진 질문이 아니므로 자유롭게 생각하고 마음껏 토론해보세요.

1. 우리 삶에 평화를 위협하는 것은 무엇이고, 그 이유는 무엇이라고 생각하나요?

2. 우리는 평화를 사랑하는 민족이었다고 말합니다. 그러면서도 정복 전쟁을 벌여 광활한 영토를 개척한 '광개토대왕'을 위대한 왕으로 생각합니다. 이러한 모순을 어떻게 받아들여야 할까요?

3. 우리 사회의 구조적 폭력과 문화적 폭력에는 어떤 것들이 있을까요? 그리고 이를 해결하기 위해 가장 우선되어야 할 노력은 무엇일까요?

인문학적 관점에서 생각하고 판단하는 힘!
가치융합, 사회통합을 지향하는

# 맘에드림 생각하는 청소년 시리즈

## 맘에드림 생각하는 청소년 시리즈에 관하여 ──────

맘에드림은 배움의 주체이자 미래사회의 주역인 청소년을 위한 '생각하는 청소년' 시리즈를 출간하고 있습니다. 청소년기는 논리적으로 사고하고, 윤리적으로 판단하며, 궁극적으로 자기 삶의 주인공이 되는 인간으로 성장하는 데 중요한 시기입니다. '생각하는 청소년' 시리즈는 청소년에게 삶과 밀접한 다양한 사회문제들을 재미있게 이해하고 해결 방법을 생각해볼 기회를 주고자 합니다. 나아가 친구들과 함께 진지하게 토론하고, 스스로 생각한 해결 방안을 실천해볼 수 있는 용기를 주고자 합니다. 이 시리즈를 통해 청소년들이 마음껏 생각하고, 상상하고, 느끼면서 역량을 키우고, 나아가 성숙한 민주시민으로 성장해가기를 기대합니다.

### 공간의 인문학 학교도서관저널 추천도서

한현미 지음 / 값 12,000원

이 책은 청소년들이 공간을 창조하는 행위인 건축에 대해 자신의 삶과
연관 지어 인문학적 성찰을 할 수 있도록 쓰였다. 이 책을 통해 인간의
삶에 행복을 주는 것은 값비싸고 화려하고 멋져보이는 공간이 아니라
견고하고 유용하며 아름다운 공간이라는 것을 이해할 수 있을 것이다.

### 모두, 함께, 잘, 산다는 것 행복한 아침독서 추천도서

김익록 · 박인범 · 윤혜정 · 임세은
주수원 · 홍태숙 지음 / 값 10,000원

이 책은 청소년들에게 사회적 경제를 쉽고 재미나게 전달하기 위해
만들어졌다. 사회적 경제에 대한 호기심을 이끌어내는 것에서 시작해서
무엇보다 청소년들이 일상 속에서 직접 실천해볼 수 있는 여러가지
활동들을 제시한다. 이를 통해 모두, 함께, 잘, 산다는 것의 진짜 의미를
깨닫게 될 것이다.

### 십대들을 위한 맛있는 인문학 학교도서관저널 추천도서

정정희 지음 / 값 12,000원

이 책은 과거와 현대의 다양한 먹거리와 그 속에 담긴 이야기들을
전한다. 저자는 청소년들이 좋은 음식의 의미를 생각해보고, 현대사회의
고장난 먹거리체계에 관심을 기울이기를 바란다. 나아가 그러한
문제의식을 바탕으로 좋은 먹거리가 더 많이 생산될 수 있도록 하는 데
작은 힘이나마 보탤 수 있기를 바란다.

### 지리는 어떻게 세상을 움직이는가? 학교도서관저널 추천도서
전국지리교사모임 추천도서

옥성일 지음 / 값 13,500원

미래 사회의 주역인 우리 청소년들에게는 한반도와 동북아를 뛰어넘어
한층 더 넓은 시야로 세계를 바라보면서 국제 질서를 냉철하게 분석할
수 있는 능력이 요구된다. 이 책은 글로벌 시대에 꼭 필요한 냉철한
시각과 분석력을 키워줌은 물론 우물 안 개구리의 사고방식에서 벗어나
한층 넓은 시야를 가질 수 있게 도와줄 것이다.

### 쉬는 시간에 읽는 **젠더 이야기**

김선광·이수영 지음 / 값 12,000원

청소년은 건강한 비판정신을 바탕으로 사회문제에 관해 치열하게 논쟁할 수 있어야 한다. 이는 앞으로 그들이 더 나은 삶을 살아가고, 이 사회의 민주주의가 성숙해지는 데 밑거름이 될 것이다. 필자들은 이 책을 통해서 청소년들이 성 차별과 혐오, 페미니즘에 대한 왜곡 등에 대해 건강한 논쟁을 시작할 수 있는 기회를 마련해준다.

### **폭염의 시대** 학교도서관저널 추천도서

주수원 지음 / 값 10,000원

기후변화는 단지 기후 문제일까? 저자는 기후변화, 나아가 기후위기의 시대를 살아가는 오늘날의 청소년들에게 기후변화의 실태와 사회문제로 이어지는 기후변화의 심각성을 이야기한다. 이 책은 폭염시대를 살아가는 청소년들의 의식을 한층 성장시킬 뿐만 아니라, 타인의 아픔에도 귀 기울일 줄 아는 성숙한 시민으로 성장하는 데 분명 도움을 줄 것이다.

### 경제를 읽는 **쿨한 지리 이야기** 학교도서관저널 추천도서
책따세 추천도서

성정원 지음 / 값 13,500원

지리의 눈으로 세상 구석구석을 살펴보는데, 특히 경제에 초점을 맞추었다. 그저 달달 외우기 바쁜 지루한 암기과목으로서의 지리가 아니라, 지리의 각 요인과 경제 사이의 역동적 상호작용이 만들어낸 흥미진진한 결과들을 살펴봄으로써 자연스럽게 경제를 이해하고 나아가 세상을 바라보는 새로운 눈을 뜨게 될 것이다.

### 방구석에서 읽는 수상한 미술 이야기

박홍순 지음/ 값 14,000원

미술작품에 투영된 현대사회의 여러 모순들을 발견하고, 이를 해결할 방법을 함께 찾고자 한다. 공정과 평등에 관한 문제부터 다양한 중독 현상, 유명세와 행복, 불확실성과 함께 현대인을 덮친 불안과 공포, 함께 잘살기 위한 방안 등에 관한 즐거운 티키타카 속에서 미술작품은 물론 세상을 바라보는 새로운 눈을 뜨게 될 것이다.

### 10대, 놀이를 플레이하다

박현숙 지음 / 값 13,500원

이 책은 창의력이 중요한 가치로 떠오른 21세기를 놀이의 시대로서
맞이하며, 책상 앞에 앉은 청소년들에게 놀이가 필요한 이유를
인문학적으로 풀어내고 있다. 저자는 세상을 놀이의 관점으로 다시
보도록 새로운 시야를 제시하고, 청소년들이 자유롭게 생각하며
놀이하는 인간으로서 미래사회의 주인이 되기 위해 놀이 정신을 갖출
필요가 있다고 힘주어 말한다.

### 십대들을 위한 꽤 쓸모 있는 과학책

오미진 지음/ 14,000원

이제 과학은 우리의 평범한 일상생활 속으로 깊이 파고들었다. 이에 이
책은 우리의 일상과 떼려야 뗄 수 없는 다양한 주제의 과학 이야기들을
다룬다. 아는 것이 힘이라고 했다. 일상에 숨은 과학 개념과 원리를
이해하는 과정에서 뭐든 무심히 지나치기보다 한층 예리하게 바라볼 수
있는 눈과 냉철한 판단력을 돕는 과학적 사고를 키워갈 것이다.

....................................................................................................

## 독자 여러분의 소중한 원고를 기다립니다

맘에드림 출판사는 독자 여러분의 소중한 원고를 기다리고
있습니다. 원고가 있으신 분은 momdreampub@naver.com으로
원고의 간단한 소개와 연락처를 보내주시면 빠른 시간에 검토해
연락을 드리겠습니다.

....................................................................................................